职业教育汽车类专业新形态教材

U0694130

QICHE WEIHU BAOYANG JISHU JICHU YU JINENG

汽车维护保养技术基础与技能

总主编　余朝宽

主　编　肖　芳　鄢真真

副主编　胡　萍　金　明　刘　诚

参　编　龙中江　黄成松　唐守均　马艳婷　曹　星　黄成金

　　　　李　君　王和平　贺顺龙　邓　敏　周　杨　王梦麟

重庆大学出版社

图书在版编目(CIP)数据

汽车维护保养技术基础与技能 / 肖芳,鄢真真主编
.--重庆:重庆大学出版社,2021.10
职业教育汽车类专业新形态教材
ISBN 978-7-5689-2817-5

Ⅰ.①汽… Ⅱ.①肖…②鄢… Ⅲ.①汽车—车辆修
理—职业教育—教材②汽车—车辆保养—职业教育—教材
Ⅳ.①U472

中国版本图书馆 CIP 数据核字(2021)第 217900 号

职业教育汽车类专业新形态教材
汽车维护保养技术基础与技能
总主编　余朝宽
主　编　肖　芳　鄢真真
副主编　胡　萍　金　明　刘　诚
责任编辑:陈一柳　　版式设计:陈一柳
责任校对:关德强　　责任印制:赵　晟
＊
重庆大学出版社出版发行
出版人:饶帮华
社址:重庆市沙坪坝区大学城西路 21 号
邮编:401331
电话:(023) 88617190　88617185(中小学)
传真:(023) 88617186　88617166
网址:http://www.cqup.com.cn
邮箱:fxk@ cqup.com.cn(营销中心)
全国新华书店经销
重庆俊蒲印务有限公司印刷
＊
开本:787mm×1092mm　1/16　印张:9.25　字数:204 千
2022 年 2 月第 1 版　　2022 年 2 月第 1 次印刷
印数:1—3 000
ISBN 978-7-5689-2817-5　定价:32.00 元

PREFACE 前　言

　　本书注重以就业为导向，以能力为本位，面向市场、面向社会，体现了现代职业教育的特色，根据交通运输行业国家职业技能标准、汽车维修工国家职业技能鉴定标准编写而成，以职业能力培养为主线，具体框架为：项目描述-项目内容-项目目标-知识储备-任务实施-评价与考核-实训报告单-作业。

　　内容共分十个项目，包括：汽车常规检查与调整、汽车维修机具的认识与使用、发动机舱检查与保养、汽车空调检查与保养、冷却系统部件检查保养、底盘检查与燃油排气部件检查保养、润滑系统部件检查与保养、制动系统部件检查与保养、汽车变速箱油更换、汽车备胎与轮胎换位。本书旨在培养学生的动手操作能力和解决问题的能力，针对性与实用性强，是一本具有鲜明特色的中职教材。

　　本书在编写过程中，认真总结了多年来汽车维修专业的教学经验，注意吸收国内外先进的教学模式和方法。具有以下主要特色：

　　1.坚持立德树人，突出学生动手能力培养和训练，合理融入课程思政、劳动教育等。在培养技能的同时，注重学生素养的提升，强化思政教育、劳动教育和安全文明生产。

　　2.采用活页式，结合企业岗位标准、高考考纲、技能大赛、汽车运用与维修专业1+X证书等内容，实现"岗课赛证"融通，采用"任务驱动"的编写形式，打破了传统教材的章节体系，充分体现专项能力的培养。

　　3.本教材体现以学生为中心的编写理念，以实现和满足学生的发展为需求，每一项目都有明确的任务目标、操作指南，重点内容配有讲解的视频二维码。

　　本书编写人员来自教学一线长期从事汽车维修专业教学教师、汽车制造行业和汽车维修行业的技术人员，他们具有丰富的实践和教学经验。由余朝宽任总主编，肖芳、鄢真真任主编，胡萍、金明、刘诚任副主编。参加本书编写人员有余朝宽（项目一），鄢真真、邓敏（项目二），金明、贺顺龙（项目三），黄成松、唐守均(项目四),龙中江、李君(项目五),马艳婷、王和平(项目六),曹星、周杨(项目七),黄成金、王梦麟(项目八),肖芳(项目九),刘诚(项目十),刘诚、胡萍统稿,余朝宽、肖芳最终定稿。编写中还得到了袁苗达、杨清德、李雷、陈世江、林隆江等行业企业高校专家的大力支持与帮助,同时得到汽车与装备制造专业集群内专业教师、思政课教师的大力支持和帮助,参考和采用了许多相关专业文献和专家的建议,在此一并表示感谢。

由于编者水平所限,书中不妥之处在所难免,恳请读者提出宝贵意见,以便再版时修订。

编　者
2021 年 2 月

CONTENTS 目　录

项目一 | 汽车常规检查与调整

【项目描述】

李女士买了一辆新车,由于对车辆不熟悉,需要 4S 店员进行讲解,帮助李女士熟悉该车的常规检查与调整方法。

本项目的主要任务就是对汽车进行常规检查与调整,由座椅调节、方向盘调节、安全带检查调节、后视镜调节、儿童锁检查、灯光检查、雨刮检查、备胎检查及随车工具检查 8 个任务组成。

【项目内容】

任务名称	主要内容
座椅调节	座椅前后位置、高度、靠背调节
方向盘调节	方向盘前后距离、角度调节
安全带检查调节	1.安全带外观、卷收情况、锁止情况检查,安全带提示灯检查; 2.安全带调节
后视镜调节	左、右后视镜及车内中央后视镜调节
儿童锁检查	儿童锁锁止检查
灯光检查	1.车辆外部灯光检查; 2.仪表警示灯及室内照明灯检查
雨刮检查	1.喷洗器工作情况检查; 2.刮水器工作情况检查
备胎及随车工具检查	1.备胎检查; 2.随车工具检查

【项目目标】

1.知道座椅的调节方法,能正确进行座椅调节。

2.知道方向盘的调节方法,能正确调节方向盘。

3.知道安全带的检查及调节方法,能独立完成安全带的检查及调节。

4.知道后视镜的调节方法,能正确调节后视镜。

5.能进行儿童锁的检查。

6.掌握汽车外部灯光检查的操作项目,能进行汽车外部灯光检查。

7.掌握汽车内部仪表警告灯及车内照明灯的检查操作项目,能进行汽车内部仪表警告灯及车内照明灯的检查。

8.掌握雨刮检查的操作项目,能进行雨刮的检查。

9.能进行备胎及随车工具的检查。

10.在操作过程中,树立学生常备不懈的安全操作意识。

【知识储备】

一、座椅调节

1.手动座椅调节

提起座椅下方的调节手柄,解除固定装置,座椅便可前后移动,位置调整好后,松开调节手柄即可使座椅固定。座椅左下方有调节手柄,可调整座椅的高低以及靠背的角度,如图 1-1 所示。

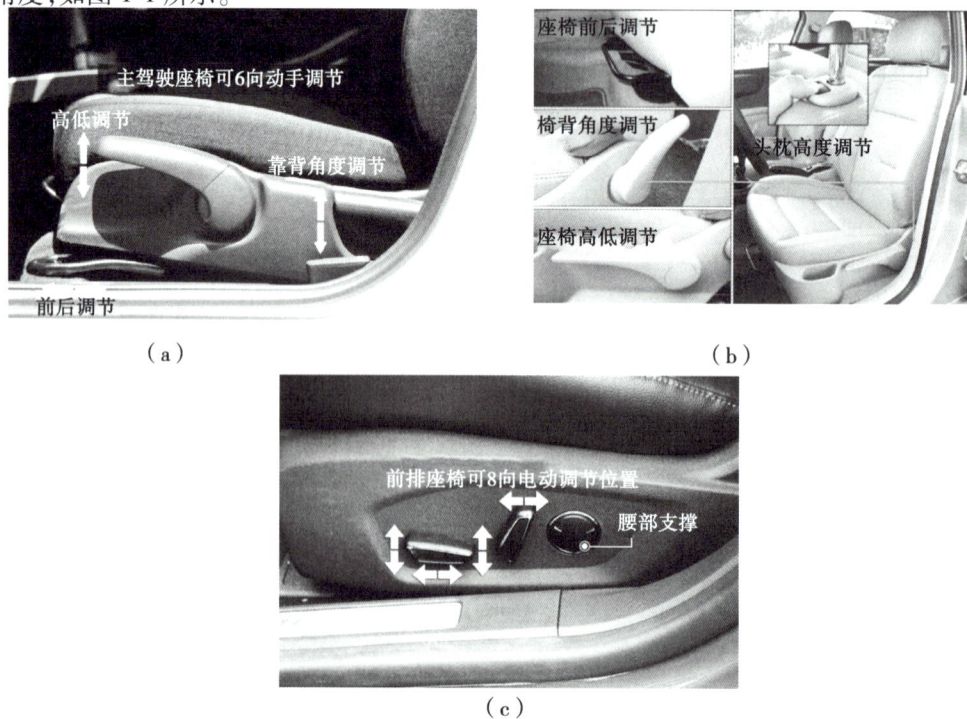

（a）   （b）

（c）

图 1-1

2.电动座椅调节

驾驶位电动调节就是通过电机的控制来调节座椅的前后位置、上下高度、靠背角度,有些豪华车型还可以调节腿部支撑、腰部支撑等。由于采用电机调整,底部也是在螺杆上进行移动,因此要比手动调节来得简便、省力,而且也可以实现无级调整。

> ☆ 小贴士
>
> 　　调节座椅前后位置,使身体距转向盘、离合器踏板、制动踏板、加速踏板的距离适宜,达到双手转动转向盘方便敏捷,两腿伸缩自如、灵活。最佳的座椅位置应该为手关节搭在方向盘顶部时手部略微弯曲,背部和头部自然靠在座椅上,左脚将离合踩到底或者右脚将刹车踩到底后膝盖仍然微微弯曲。

二、方向盘调节

调节汽车方向盘前后距离、角度的前提,是确认座椅参数已经充分调节到合理位置。只有座椅调节正确后才能进入方向盘调节的步骤。

方向盘调节目前常见的是上下共两向手动调节或上下+前后共四向手动调节方向盘,部分高配车型还配有电动可调方向盘。

方向盘是不存在"高度调节"的,只能调节它的前后距离、角度。方向盘角度的变化,其实就会导致方向盘高度的上下变化。角度调节正确与否的准则是:方向盘不得遮挡仪表视线,另外在驾驶者正常坐姿状态下,双手自然伸出握住方向盘的 9 点和 3 点位置,此时手臂应当基本与地面平行。方向盘的前后距离调节,具体衡量调节准确与否的标准是自然坐姿状态下,单手伸出轻轻搭在方向盘最上方,手臂保持基本伸直仅微微弯曲的状态。

方向盘调节方法:在方向盘下方能找到方向盘位置锁的把手,松开把手后,方向盘就可以前后上下调节,一旦调节到位后,压下把手,方向盘就被锁定了,如图 1-2 所示。

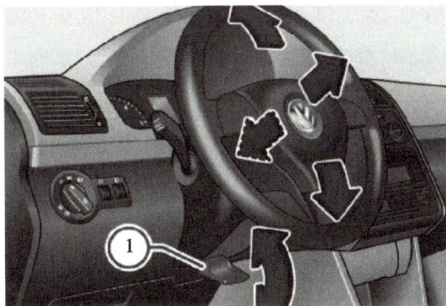

图 1-2

三、安全带检查调节

汽车安全带是为了在碰撞时对乘员进行约束以及避免碰撞时乘员与方向盘及仪表板等发生二次碰撞或避免碰撞时冲出车外导致死伤的安全装置。"安全带=生命带",发生意外事故时,安全带可是救命的工具。在汽车的日常保养工作中,安全带常常被忽视,其实,同其他部件一样,安全带也要使用与保养兼顾,要经常检查安全带的性能。

1.安全带的检查方法

①检查并确认安全带外观是否完好。撕裂或磨损的安全带不能在发生碰撞时为驾乘人员提供保护。安全带有可能在冲击力的作用下断裂。

②检查并确认安全带提示灯、安全带、锁扣、锁门板、卷收器和固定装置都正常工作。缓慢用手将安全带向下拉时,安全带应能顺利地从卷绕器中拉出。猛地拉安全带时,应拉不动。否则,为安全带失效。

③安全带插头插入锁扣,安全带提示灯熄灭,使用完毕按下按钮插头即可脱出,同时安全带提示灯亮起。

2.安全带的调节

调节安全带最关键的就是要调节安全带固定扣最高点与最低点的位置,对于身材矮小的车主,可以适当调低高度,不然在紧急制动时,安全带对人身体的作用力可能会带来其他伤害。但对于身材高大的车主就可以尽量调高,避免出现这种情况。

四、后视镜调节

调整后视镜的前提条件是座椅位置已经调好,也就是说座椅调好之后方可调整后视镜。

• 左侧后视镜调节方法:驾驶员要以地平线为基准,通过调整上下角度,让左侧后视镜中呈现的天、地各占一半。接着是调整左侧后视镜的左右角度,让其中车身占据镜面范围的1/4左右,如图1-3所示。注意调整左侧后视镜时要以驾驶坐姿为准,不能靠近后视镜后再来调整。

• 右侧后视镜调节方法:由于右侧的汽车后视镜离驾驶员位置最远,所以要减少天空占据的空间,尽量把右侧后视镜空间留给车身方,所以右侧后视镜中呈现的天空仅占据镜面的1/4左右,车身也占据镜面的1/4左右,如图1-4所示。

图 1-3

图 1-4

• 车内中央后视镜调节方法:调节中央后视镜的误区:用于观察后方乘客或者直接将其扭到朝天上的角度;正确的调节是通过中央后视镜能够透过后车窗看到车后的情况,地面和天空在镜面中各占据一半,如图1-5所示。

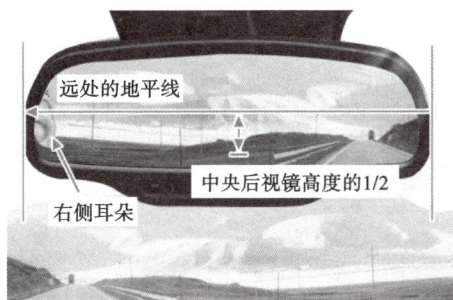

图 1-5

五、儿童锁检查

儿童坐在汽车后排,喜欢到处乱动,如果儿童在汽车行驶的过程中突然打开后门,那么将大大增加儿童的安全隐患。汽车儿童安全锁的检查就很重要。

将汽车后门打开,找到儿童安全锁(拨动式儿童安全锁,如图 1-6 所示),将拨动式儿童安全锁拨动片拨向有儿童安全锁止的一端,关上车门。让后排内部人员检查后排门是否能打开(拨动式儿童安全锁是否锁止)。检查合格后即可放心驾驶。

将汽车后门打开,找见儿童安全锁(旋钮式儿童安全锁,如图 1-7 所示),将旋钮式儿童安全锁旋钮孔旋至有儿童安全锁止的一端,关上车门。让后排内部人员检查后排门是否能打开(旋钮式儿童安全锁是否锁止)。检查合格后即可放心驾驶。

图 1-6

图 1-7

六、灯光检查

车灯的好坏关系到行车安全,及时维护车外灯具对驾驶者至关重要。车灯的正确调节是非常重要的,大灯光束的指向性不仅影响实际的照射效果,也对自己和其他车辆的行驶安全有很大影响。

灯光检测
视频

1.车辆外部灯光检查

车辆灯光检查应由两人配合完成,一人在驾驶室内操作灯光开关,同时检查开关、仪表警示灯、室内灯的使用情况;另一人在车外前后、左右观察各种灯光的工作情况,并通过手势与室内人员沟通,如图 1-8 所示。

（1）示宽灯、尾灯、牌照灯、仪表照明灯检查

左侧拨杆集成大灯控制键

示宽灯　后雾灯

近光灯　前雾灯　远光灯

转向灯

图 1-8

将灯光总开关置于小灯位置，车前观察示宽灯点亮情况，车后观察尾灯和牌照灯点亮情况，同时观察仪表照明灯点亮情况。

（2）雾灯检查

将灯光总开关置于小灯位置，打开雾灯开关，观察雾灯点亮情况。

注意：雾灯一般是在灯光总开关置于小灯位置时工作。

（3）大灯近光检查

将灯光总开关从小灯位置切换至大灯位置，且开关上下处于近光位置（上下之间的中位），在车前观察大灯近光工作情况。

（4）大灯远光检查

将灯光总开关从近光位置向下推到远光位置（上下之间的下位），在车前观察大灯远光点亮情况，并在仪表盘上观察远光指示灯点亮情况。

（5）大灯闪光检查

将灯光总开关置于 OFF 位置，上拉开关置于闪光位置（上下之间的上位），车前观察大灯是否闪亮，并观察仪表盘上远光指示灯是否闪亮。大灯闪光即为超车信号灯，在超车时发出该信号，让前方车辆收到。

（6）转向灯及转向开关自动回位检查

● 左侧转向灯检查：将点火开关置于 ON 位置，转向开关置于左侧转向位置，观察车辆左侧前、后、侧面转向灯的点亮情况，同时观察仪表盘左侧转向指示灯点亮情况；再将方向盘向右侧转动，检查转向开关是否能自动回位。

● 右侧转向灯检查：将点火开关置于 ON 位置，转向开关置于右侧转向位置，观察车辆右侧前、后、侧面转向灯点亮情况，同时观察仪表盘右侧转向指示灯点亮情况；再将方向盘向右左侧转动，检查转向开关是否能自动回位。

（7）危险信号灯检查

按下危险信号开关，观察车辆前后、左右所有的转向灯是否闪烁，并检查仪表盘上的危险信号指示灯是否点亮。

（8）制动灯检查

将灯光总开关置于小灯位置，踩下制动踏板，观察车辆后方制动灯（包含高位制动灯）是否点亮。

制动灯和尾灯共用一个双尾灯泡，尾灯灯丝的功率约为 5 W，制动灯灯丝的功率约为 21 W。因此，检查制动灯点亮时，应以尾灯亮起为基础，确认制动灯是否工作正常。

（9）倒车灯检查

点火开关置于 ON 位置（有的车型不用），变速手柄置于倒挡位置，在车后观察倒车指示灯是否点亮。

2.仪表警示灯及室内照明灯检查

（1）仪表警示灯检查

正确启动发动机，观察所有警示灯是否同时亮起，自检后除驻车制动器指示灯之外的所有警示灯是否熄灭。

（2）室内照明灯检查

将室内照明灯开关由 OFF 位置旋至 ON 位置，观察室内照明灯点亮情况；将开光置于 DOOR 位置，打开车门观察室内照明灯点亮情况，然后关上车门观察室内照明灯熄灭情况。

七、雨刮检查

喷洗器的作用是将清洗液喷至挡风玻璃上，以清除挡风玻璃上的灰尘、脏污，需与刮水器配合使用。雨刮器的功用是清除挡风玻璃上的细小污物，或在下雨天让驾驶员保持良好的视野。为了防止划破挡风玻璃和损坏刮水器胶条及烧坏电机，禁止干刮；在使用刮水器前，要喷射清洗液或确保挡风玻璃表面湿润（如雨天）。

雨刮控制杆一般在方向盘右侧，如图 1-9 所示，当上拉一次控制杆后，喷洗器就喷出少量清洗液，刮水器联动刮拭一次，当长时间上拉控制杆时，喷洗器就持续喷出清洗液，刮水器也不停地进行刮拭，直至松开控制杆。

图 1-9

注意：不同的车，喷洗器的操作可能有差别；在使用喷洗器时，点火开关应打到"ON"挡。

雨刮检查步骤如下：

①清洗液液位检查。通过标尺或刻度观测，大部分车型的玻璃水储液壶没有最低刻度线，因此在日常检查时应多留心并根据实际情况进行添加。

②上拉一下喷洗器控制杆，检查喷射功能是否正常、喷射压力是否正常、刮水器联动功能是否正常。

③检查喷射位置是否在刮水器的刮水范围中间。必要时需进行调整，在喷嘴内插入一根与喷洗器喷孔相匹配的钢丝，以调整喷孔角度。

④检查刮水器不同挡位的工作是否正常。除雾挡（MIST），把控制杆上推，刮水器点动工作一次；间歇挡（INT），刮水器低速间歇式工作（有些型号的间歇时间可以调

节）；低速挡（LO），刮水器低速连续工作；高速挡（HI），刮水器高速连续工作。

八、备胎及随车工具检查

轮胎是汽车磨损最为严重的部件之一，也是行车安全不可忽视的重要因素，备胎有时一两年用不到，很容易被忽视，一旦汽车在路上发生爆胎等突发故障，准备换备胎时却发现备胎不能用，所以一定要检查备胎。随车工具平时用得比较少，长途出行前或保养时，也一定要检查随车工具是不是齐全，能不能用，好不好用。

备胎及随车工具检查流程：

①开启后备厢。

②检查随车工具是否齐全，是否能用（随车工具中有千斤顶、扳手、灭火器、三角警示牌、拖车挂钩等）。

③目视检查备胎的老化程度，有无裂纹。

④用胎压表检查备胎胎压（比正常胎压略高）。

【任务实施】

任务名称			
班　　级		姓　　名	
地　　点		日　　期	
成　　员			

一、任务准备

1.设备准备
长安悦翔汽车。
2.工量具准备
胎压表等。

二、过程记录

活动名称		任务要点记录	使用资源记录	本人角色
汽车常规检查与调整	1.座椅调节			□安全员 □操作员 □记录员 □观察员
	2.方向盘调节			□安全员 □操作员 □记录员 □观察员
	3.安全带检查与调节			□安全员 □操作员 □记录员 □观察员
	4.后视镜调节			□安全员 □操作员 □记录员 □观察员
	5.儿童锁检查			□安全员 □操作员 □记录员 □观察员
	6.灯光检查			□安全员 □操作员 □记录员 □观察员
	7.雨刮检查			□安全员 □操作员 □记录员 □观察员
	8.备胎及随车工具检查			□安全员 □操作员 □记录员 □观察员

【评价与考核】

序号	作业项目	考核内容	评分标准	配分	扣分
1	作业安全职业操守	能进行工位7S操作	□整理、整顿(0.5分) □清理、清洁(1分) □素养、节约(0.5分) □安全(1分)	3	
		能进行设备和工具安全检查	□检查作业所需要的工具设备是否完备(2分) □检查作业环境是否配备灭火器(1分)	3	
		能进行车辆安全防护操作	□正确安装车辆翼子板布(1分) □正确安装车内三件套(1分) □正确安装车轮挡块(1分)	3	
		能进行工具清洁校准存放操作	□使用工具后对工具量具进行清洁(1分) □作业完成后对工具进行清洁复位(2分)	3	
		能进行三不落地操作	□作业过程做到油液不落地(1分) □作业过程做到水液不落地(1分) □作业过程做到工具不落地(1分)	3	
2	座椅调节	安装座椅套、方向盘套和地板垫	□正确安装,不漏装(1分) □座椅套安装服帖(1分)	2	
		能正确调节座椅前后位置	□调节方法正确	3	
		能正确调节座椅高度	□调节方法正确	3	
		能正确调节座椅靠背位置	□调节方法正确	3	
3	方向盘调节	能正确调节方向盘前后距离	□调节方法正确	3	
		能正确调节方向盘角度	□调节方法正确	3	
4	安全带检查调节	能正确检查安全带外观	□检查方法正确	3	
		能正确检查安全带卷收、固定及锁止情况	□检查方法正确	3	

续表

序号	作业项目	考核内容	评分标准	配分	扣分
4	安全带检查调节	能正确检查安全带指示灯工作情况	□检查方法正确	3	
		能正确调节安全带	□调节方法正确	3	
5	后视镜调节	能正确调节左、右及车内后视镜	□调节方法正确	6	
6	儿童锁检查	能进行儿童锁工作情况检查	□检查方法正确	3	
7	灯光检查	能进行示宽灯、尾灯、牌照灯、仪表照明灯检查	□检查方法正确	3	
		能进行雾灯检查	□检查方法正确	3	
		能进行大灯近光、远光及闪光检查	□检查方法正确	6	
		能进行转向灯检查	□检查方法正确	3	
		能进行危险信号灯检查	□检查方法正确	3	
		能进行制动灯检查	□检查方法正确	3	
		能进行倒车灯检查	□检查方法正确	3	
		能进行仪表警告灯及室内照明灯检查	□检查方法正确	3	
8	雨刮检查	能进行喷洗器检查	□检查方法正确	3	
		能进行刮水器检查	□检查方法正确	3	
9	备胎及随车工具检查	能进行随车工具检查	□检查方法正确	3	
		能进行备胎检查	□检查方法正确	6	
10	信息录入资料应用资讯检索	能正确使用用户手册查询资料	□查询喷洗液液位(1分) □查询备胎胎压(1分)	2	
		能在规定时间内查询所需资料	□能在规定时间内查询所需资料(1分)	1	
11	工具及设备的使用能力	岗位所需工具设备的使用能力	□能正确使用胎压表(2分)	2	
合计				100	

【实训报告单】

实训报告单					
科目		班级		学生姓名	
实训项目					
实训任务					
实训器材					
实训内容					
体会或建议					
实训结果	自评＿＿＿＿＿＿＿＿＿　　　　互评＿＿＿＿＿＿＿＿＿　　　　师评＿＿＿＿＿＿＿＿＿				

指导教师＿＿＿＿＿＿＿＿＿＿＿＿＿＿＿　　　　　　　　＿＿＿＿年＿＿月＿＿日

【作业】

一、填空题

1. 方向盘是不存在"高度调节"的,只能调节_____和_____。

2. 安全带插头插入锁扣,安全带提示灯_____,使用完毕按下按钮插头即可脱出,同时安全带提示灯_____。

3. 调节左侧后视镜,要以地平线为基准,通过调整上下角度,让后视镜呈现的天、地各占镜面的_____。接着是左右角度,把车身占据镜面的范围调整到_____左右。

4. 正确启动发动机,仪表警示灯自检后除_____之外的所有警示灯都熄灭。

5. 雨刮控制杆一般在方向盘_____。

二、选择题

1. 汽车制动灯的灯罩颜色为(　　　)。

    A.红色　　　　　　B.白色　　　　　　　　C.橙色　　　　　　　　D.黄色

2. 作为超车信号的灯光为(　　　)。

    A.左侧转向信号灯　　　　　　　　B.危险信号灯

    C.大灯远光　　　　　　　　　　　D.大灯闪光

3. 刮水器的各挡位中,把控制杆推至(　　　),刮水器点动工作一次。

    A.除雾挡　　　　B.间歇挡　　　　　　C.低速挡　　　　　　D.高速挡

4. 下面几个选项中,最先应该调节(　　　)。

    A.座椅　　　　　B.方向盘　　　　　　C.安全带　　　　　　D.后视镜

5. 调节右侧后视镜,应尽量把后视镜空间留给车身侧方,所以右侧汽车后视镜中车身占据(　　　)。

    A.1/4　　　　　　B.1/2　　　　　　　C.2/3　　　　　　　　D.3/4

三、思维拓展

提车的注意事项及验车步骤有哪些?

项目二 | 汽车维修机具的认识与使用

【项目描述】

在汽车的维护与保养中各种设备的使用必不可少。本项目的主要任务是介绍汽车维修常用机具，了解它们的正确使用方法，包括空气压缩机的认识、接油机的认识与使用、卧式千斤顶的认识与使用、氮气加注机的认识与使用、举升机的认识与使用等5个任务。

【项目内容】

任务名称	主要内容
空气压缩机的认识	空气压缩机的作用
接油机的认识与使用	接油机的作用及使用
卧式千斤顶的认识与使用	卧式千斤顶的使用
轮胎充氮机的认识与使用	氮气加注机的使用
举升机的认识与使用	举升机的使用及注意事项

【项目目标】

1.知道空气压缩机的作用。

2.知道接油机的作用以及使用方法，能正确操作接油机。

3.知道卧式千斤顶的使用方法，能正确操作卧式千斤顶。

4.知道氮气加注机的作用及使用方法，能正确操作氮气加注机。

5.知道举升机的作用及使用方法，能正确操作举升机。

6.在操作过程中，培养学生安全操作意识，踏实、肯干、肯钻研的工作态度。

【知识储备】

一、空气压缩机

图 2-1

空气压缩机,简称空压机,是一种用来压缩气体的设备,如图 2-1 所示。空压机一般分动力式空压机和容积式空压机,常见的离心式压缩机属于动力式,螺杆式压缩机属于容积式空压机。

电动空气压缩机是汽车维修必备的机具。它在汽车维修中的作用主要有以下几个方面。

①清洗零件表面:汽车零件种类繁多,形状复杂,零件内外表面极易吸附污垢或金属碎屑,一般的清洁手段很难将其清洁干净,利用空压机则能将各类零件清洗干净。

②疏通堵塞的管道:汽车中的气道和油道经常因固体异物进入而造成部分或全部堵塞,将压缩空气沿异物进入方向充入,则可迅速予以疏通。

③检查泄漏的部位:汽车上的气管、油道及冷却系统,有可能发生不同程度的泄漏,为了寻找隐蔽的泄漏处,可以将机件浸入水中或涂抹肥皂水,再向机件充入压缩空气,便可顺利找出。

④排放液压系统中的空气:有些汽车的离合器操纵系统和行车制动系统采用液压系统,经常需要排放液压系统中的空气,可以采取从贮液罐口充入压缩空气的方法,快速地将系统中的空气排放干净。

⑤拆卸卡滞的活动件:在气压、液压元件或其他部件中,常会遇上因某种缘故而使活动件卡滞很难拆卸的情况,对此可通过充入压缩空气的方法帮助将活动件拆下。

二、接油机

接油机是利用压缩空气,通过特殊设计的真空发生装置将透明量杯或同时将透明量杯和储油罐内抽真空,产生一定程度的真空度,在外界空气压力的作用下,通过抽油管,将机油抽进透明量杯或储油罐内,如图 2-2 所示。

三、卧式千斤顶

千斤顶是汽修厂常见的一种工具,它的用途是将重物顶起来,有利于对物体底部进行修理或者检查。常规的千斤顶按照种类划分有立式和卧式两种,图 2-3、图 2-4 分别是立式千斤顶和卧式千斤顶。立式千斤顶升起高度较高,而卧式千斤顶升起高度则小很多,但更加平稳。汽修厂一般都是使用卧式千斤顶。

卧式千斤顶的使用步骤如下。

①找准基点。太脆弱的地方是绝对不能作为支撑点的,要将其放置于车辆下方坚

硬的支撑点上,而不是车身外壳下面。

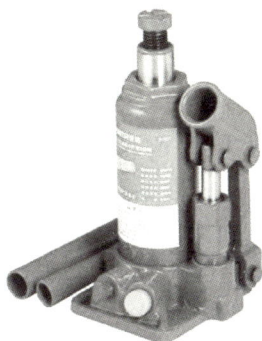

图 2-2   图 2-3   图 2-4

②将压杆装进套管而且确保安装稳当以后,就可以往下不停地按压杆了,这样千斤顶的另一头通过液压作用就会慢慢升起来,直到将重物顶到合适的高度即可停止施压。

此时重物处于悬空状态,我们就可以对物体进行修理或者检查了。期间切勿乱动千斤顶,修理完毕以后需要给千斤顶泄压然后逐渐将重物放归原位。不同品牌的千斤顶泄压方式也不一样,不过多数都会有一个螺旋开关,逆时针旋转就可以给千斤顶泄压复位。

泄压复位以后,将千斤顶从重物下面拖出来,再将压杆拔出,将所有配件整理好放置回原来的包装盒内,以便下次使用,切勿丢失其中任何一个配件。

卧式千斤顶使用注意事项:

①在修车前先要将车辆固定住,以免在举升的过程中车辆打滑对车和人带来损害。固定车辆光使用手刹是不够的,最稳妥的方法是拉起手刹的同时将手动挡车型挂入 1 挡或倒挡(自动挡车型拉起手刹后将挡位推至 P 挡),同时用车轮挡块固定至少一个车轮。

②千斤顶一定要摆放在坚硬平坦的地面上,如果不巧车坏在了松软的地面或沙石中,可以使用质地坚硬的木板垫在千斤顶下保证千斤顶的支撑角度。不同环境使用的方法不一,但一定要保证千斤顶的稳定。另外还可以将备胎放在底盘下,若千斤顶没撑稳而垮塌,还有备胎可以"兜底"。

③每辆车的侧裙内侧都有与侧裙平行的千斤顶的支撑点,用手就可以摸到,在使用千斤顶时一定要将千斤顶支撑在专用的支撑点上。其他部位如发动机下护板、悬挂的下摆臂都要避免千斤顶的支撑,由于它们本身强度较低,出现打滑时容易造成不必要的损伤。

④使用千斤顶的时候通常是采用手摇。

图 2-5

四、轮胎充氮机

轮胎充氮机是一种专门为轮胎充氮而设计的制氮设备，如图 2-5 所示，它具有便携，制氮时间短，纯度高的特点。

氮气充胎的好处：氮气是惰性气体，汽车轮胎充填氮气后不易热胀冷缩，降低高速行驶爆胎概率；氮气性能稳定，不易受温度变化，使轮胎压力保持稳定，稳定的胎压可以减少燃料消耗，增强轮胎的抓地性能，减少轮胎、轮毂的氧化，延长轮胎、轮毂的使用寿命。

轮胎原地（车辆驻停）充氮的流程如下：

序号	图示	作业流程
1		将车辆停在平坦路面并拉好手刹。
2		使用卧式千斤顶将需要充氮的轮胎支起。
3		取掉轮胎气门芯放掉轮胎内部的所有压缩空气，并将卸掉的气门芯放在指定的工具盒内。

序号	图示	作业流程
4	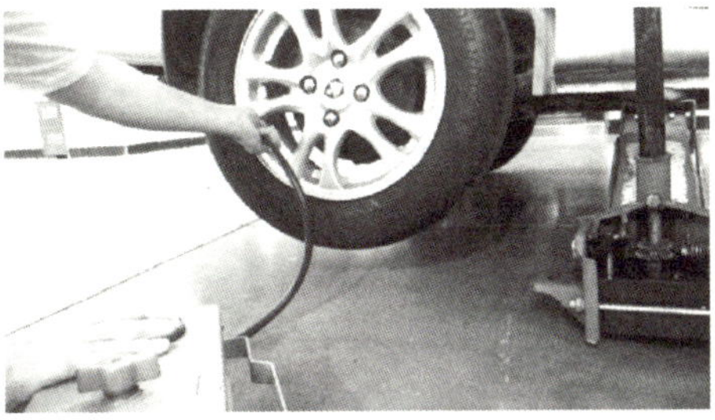	检查气门芯及气门嘴的老化程度，确认无安全隐患后将抽真空打气枪连接到气门嘴处。
5	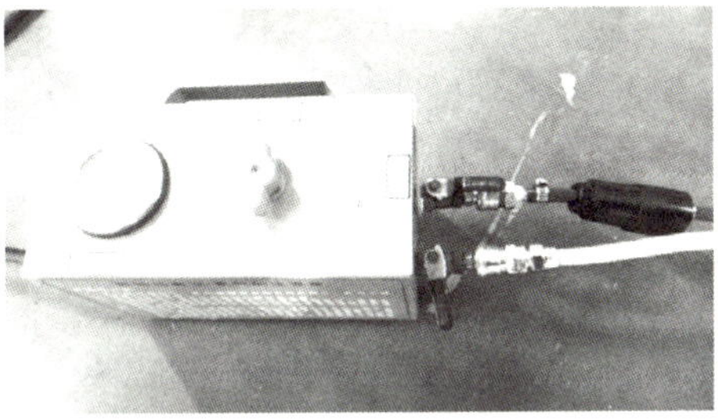	将抽真空打气枪功能按钮置于抽真空工作状态后，抽掉轮胎里的剩余空气。
6	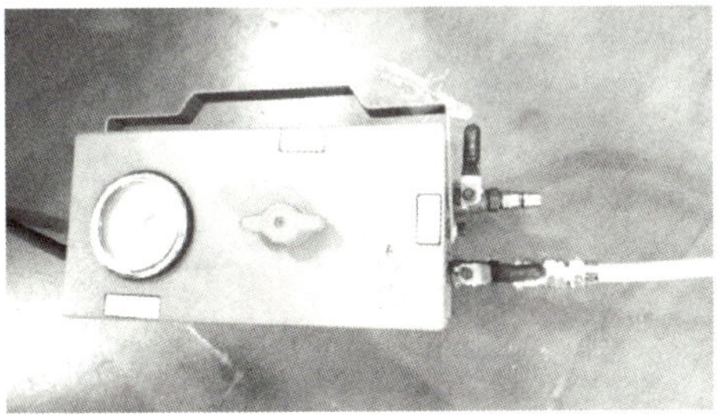	充氮至 2 kg/cm² 后，停止充氮，放掉胎内氮气。装上气门芯最终充至汽车设定的胎压为止。
7		将气门嘴帽安装在气门嘴处并旋紧，放下千斤顶。
8		重复 2~6 步操作为其他 3 个轮胎换上氮气。

五、举升机

汽车举升机是指汽车维修行业用于举升汽车的汽车维修和保养设备。举升机在汽车维修养护中发挥着至关重要的作用，无论整车大修，还是小修保养，都离不开它，其产品性质、质量好坏直接影响维修人员的人身安全。在规模各异的维修养护企业中，无论是维修多种车型的综合类修理厂，还是经营范围单一的街边店（如轮胎店），几乎都配备有举升机。

双柱式汽车举升机是一种汽车修理和保养单位常用的专用机械举升设备，广泛应用于轿车等小型车的维修和保养。双柱式汽车举升机将汽车举升在空中的同时还可以省大量的地面空间，方便维修人员地面作业。但是双柱式汽车举升机为了最大限度地节省材料，一般都去掉了底板。由于没有底板，使得立柱的扭力需要靠地面来抵消，所以对地基要求很高，若是有横梁（龙门举升机）就靠横梁抵消，如图2-6、图2-7所示。

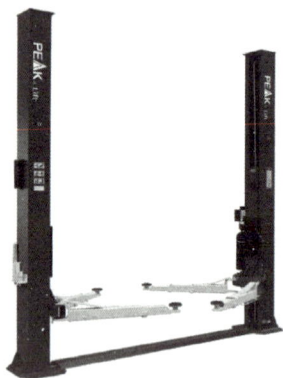
图 2-6

图 2-7

图 2-8

四柱式汽车举升机是一种大吨位汽车或货车修理和保养单位常用的专用机械举升设备，四柱式汽车举升机也很适合用于四轮定位，因为一般四柱式汽车举升机都有一个四轮定位挡位可以调整，可以确保水平，如图2-8所示。

剪式举升机分为大剪（子母式）举升机、小剪（单剪）举升机、超薄系列剪式举升机等几种类型。小剪举升机（图2-9）主要用于汽车维修保养，安全性高，操作方便，挖槽后与地面相平即可使用。大剪举升机（图2-10）使用较多，是配合四轮定位仪的最佳设备，并可以做为汽车维修、轮胎、底盘检修用。它可以挖槽，也可以直接安装在地面上。

双柱式举升机的操作注意事项如下：

①使用前应清除举升机附近妨碍作业的器具及杂物，并检查操作手柄是否正常。

图 2-9

图 2-10

②操作机构灵敏有效,液压系统不允许出现爬行现象。

③支车时,4 个支角应在同一平面上,调整支角胶垫高度使其接触车辆底盘支撑部位。

④支车时,车辆不可支得过高,支起后 4 个托架要锁紧。

⑤待举升车辆驶入后,应将举升机支撑块调整移动对正该车型规定的举升点。

⑥举升时人员应离开车辆,举升到需要高度时,必须插入保险锁销,并确保安全可靠后才可开始车底作业。

⑦除保养及小修项目外,其他烦琐笨重作业,不得在举升器上操作修理。

⑧举升器不得频繁起落。

⑨支车时举升要稳,降落要慢。

⑩有人作业时严禁升降举升机。

⑪如果发现操作机构不灵,电机不同步,托架不平或液压部分漏油的情况,应及时报修,不得继续操作。

⑫作业完毕应清除杂物,打扫举升机周围场地以保持整洁。

⑬定期(半年)排除举升机油缸积水,并检查油量,油量不足应及时加注相同牌号的压力油。同时应检查举升机传动齿轮及缝条的润滑情况。

小剪式举升机的举升步骤如下:

序号	图示	作业流程
1		安装举升垫块。(注意对准车辆举升位置)

续表

序号	图示	作业流程
2	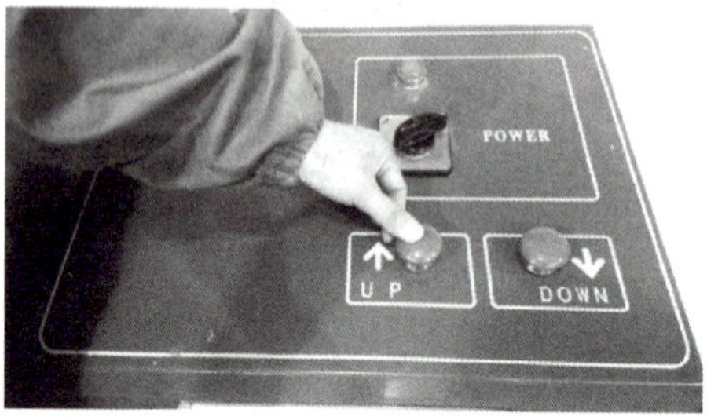	稍稍顶起举升机。（不能一次就接触到汽车）
3	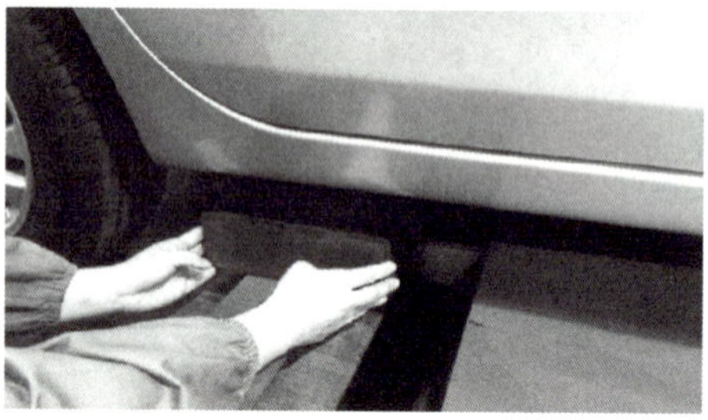	检查举升支点。
4		把车稍稍举离地。（车轮离地即可）
5		车身平稳检查。
6		将车辆举升到适当位置。（举升时一次性举升到位）

【任务实施】

任务名称			
班　级		姓　名	
地　点		日　期	
成　员			

一、任务准备

1.设备准备
长安悦翔汽车、举升机、接油机、氮气加注机、卧式千斤顶等。
2.工量具准备
气门芯扳手、胎压表等。

二、过程记录

活动名称		任务要点记录	使用资源记录	本人角色
汽车维修机具的认识与使用	1.空气压缩机			☐安全员 ☐操作员 ☐记录员 ☐观察员
	2.接油机			☐安全员 ☐操作员 ☐记录员 ☐观察员
	3.卧式千斤顶			☐安全员 ☐操作员 ☐记录员 ☐观察员
	4.轮胎充氮机			☐安全员 ☐操作员 ☐记录员 ☐观察员
	5.举升机			☐安全员 ☐操作员 ☐记录员 ☐观察员

【评价与考核】

序号	作业项目	考核内容	评分标准	配分	扣分
1	作业安全职业操守	能进行工位 7S 操作	□整理、整顿(0.5分) □清理、清洁(1分) □素养、节约(0.5分) □安全(1分)	3	
		能进行设备和工具安全检查	□检查作业所需要的工具设备是否完备(1分) □检查作业环境是否配备灭火器(1分) □检查举升机举升情况是否正常(1分)	3	
		能进行工具清洁校准存放操作	□使用工具后对工具量具进行清洁(1分) □作业完成后对工具进行清洁复位(2分)	3	
		能进行三不落地操作	□作业过程做到油液不落地(1分) □作业过程做到水液不落地(1分) □作业过程做到工具不落地(1分)	3	
2	空气压缩机的认识	能说出空气压缩机的作用	□回答正确	10	
3	接油机的认识与使用	能正确使用接油机	□使用方法正确	20	
4	卧式千斤顶的认识与使用	能正确使用卧式千斤顶	□使用方法正确	12	

续表

序号	作业项目	考核内容	评分标准	配分	扣分
5	氮气加注机的认识与使用	能正确使用氮气加注机	□使用方法正确	12	
6	举升机的认识与使用	能正确使用举升机	□使用方法正确	20	
7	信息录入资料应用资讯检索	能正确使用网络查询资料	□查询空气压缩机作用（1分） □查询接油机使用方法（1分） □查询卧式千斤顶使用方法（1分） □查询氮气加注机的作用（1分） □查询举升机使用注意事项（1分）	5	
		能在规定时间内查询所需资料	□能在规定时间内查询所需资料	1	
8	工具及设备的使用能力	岗位所需工具设备的使用能力	□能正确使用接油机（2分） □能正确使用卧式千斤顶（2分） □能正确使用氮气加注机（2分） □能正确使用举升机（2分）	8	
合计				100	

【实训报告单】

实训报告单					
科目		班级		学生姓名	
实训项目					
实训任务					
实训器材					
实训内容					
体会或建议					
实训结果	自评_____　　　互评_____　　　师评_____				

指导教师_____　　　　　　　　_____年___月___日

【作业】

一、填空题

1.空气压缩机,又叫空压机,是一种用来_____的设备。

2.接油机是用来接_____的。

3.常规的千斤顶按照种类划分有_____和_____两种,汽修厂使用_____千斤顶居多。

4.氮气是惰性气体,汽车轮胎充填氮气后不易热胀冷缩,降低高速行驶_____概率。

5.剪式举升机分为_____举升机、_____举升机、超薄系列剪式举升机等几种类型。

二、选择题

1.常见的离心式压缩机属于(   )式压缩机。

A.容积   B.动力   C.热力   D.螺杆

2.接油机是用来收集废旧(   )的。

A.刹车油   B.自动变速箱油

C.机油   D.冷冻油

3.汽修厂一般多数使用(   )千斤顶。

A.立式   B.卧式   C.平式   D.横式

4.轮胎充氮气有何好处?(   )(多选题)

A.汽车轮胎充填氮气后不易热胀冷缩,降低高速行驶爆胎概率

B.恒定轮胎压力,增强轮胎的抓地性能

C.使轮胎压力保持稳定,稳定的胎压可以减少燃料消耗

D.减少轮胎、轮毂的氧化,延长轮胎、轮毂的使用寿命

5.汽车修理厂常用的举升机是(   )举升机。

A.双柱式   B.四柱式   C.小剪式   D.大剪式

三、思维拓展

哪种举升机的安全性最高?为什么修理厂最常用的不是这种举升机?

项目三 | 发动机舱检查与保养

【项目描述】

　　李女士的车辆使用一段时间后,来 4S 店进行维护。经查该车未到维护里程和维护时间,根据车辆使用手册及维护手册要求,只需进行日常维护,保证车辆的正常、安全使用。

　　本项目的主要任务就是对发动机舱进行检查保养,由发动机舱清洁、油液检查、皮带检查、电器检查 4 个任务组成。

【项目内容】

任务名称	主要内容
发动机舱清洁	1.准备工作; 2.发动机舱清洁
油液检查	油液检查
皮带检查	1.压缩机皮带检查; 2.发电机皮带检查
电器检查	1.蓄电池清洁、检查; 2.线路、插接器检查

【项目目标】

　　1.能采取正确的方法进行发动机舱的检查与维护。

　　2.能按照使用手册的要求进行规范操作。

　　3.能查阅维修手册,查找相关资料,完善维修任务所需要的信息。

　　4.能进行有效沟通,并与他人合作,形成积极的工作态度、培养团队合作精神。

　　5.能按照 7S 管理要求,整理现场,归置物品。

【知识储备】

一、认识发动机舱

1.发动机

发动机是汽车的动力来源,是汽车的核心部件。发动机的质量很大程度上决定了汽车的动力性、经济性、稳定性和环保性,发动机的好坏关系到车辆检测和评估的客观性。

2.发动机冷却液

发动机冷却液保护发动机正常良好运行,在发动机水箱内循环,有防冻、防沸、防锈、防腐蚀等作用,能保护发动机,延长发动机的使用寿命。

3.空气过滤器

汽车空气过滤器将灰尘、沙粒等过滤掉,提高发动机效率,延长发动机使用寿命。正常状态应该每3个月检查一次。如果车辆周围环境恶劣,如经常有沙尘暴等,空滤器更换相对频繁。

4.制动液

制动液也称为刹车油。保障制动液的足量和品质,对于车辆的行车安全起着很重要的作用。

5.蓄电池

蓄电池是一种将化学能转变成电能的装置,属于直流电源,给启动机提供强大的启动电流(10 A左右),协助发电机向用电设备供电,保护汽车的用电器,还能将一部分电能转变为化学能储存起来,即进行充电。

6.转向助力液

转向助力液的作用就是通过液压作用,让驾驶员操作方向盘时更加省力,减轻驾驶员的劳动强度。为防止转向液过脏或者变质影响转向助力系统,一般每30 000 km应该更换一次。

7.玻璃水

玻璃水具有清洁、防冻、防雾等功能。尤其冬天在北方天寒地区,玻璃水的作用更加重要。玻璃水属于易耗品,要经常检查,随时添加。

二、发动机舱内结构

图3-1所示为长安悦翔汽车发动机舱内结构。

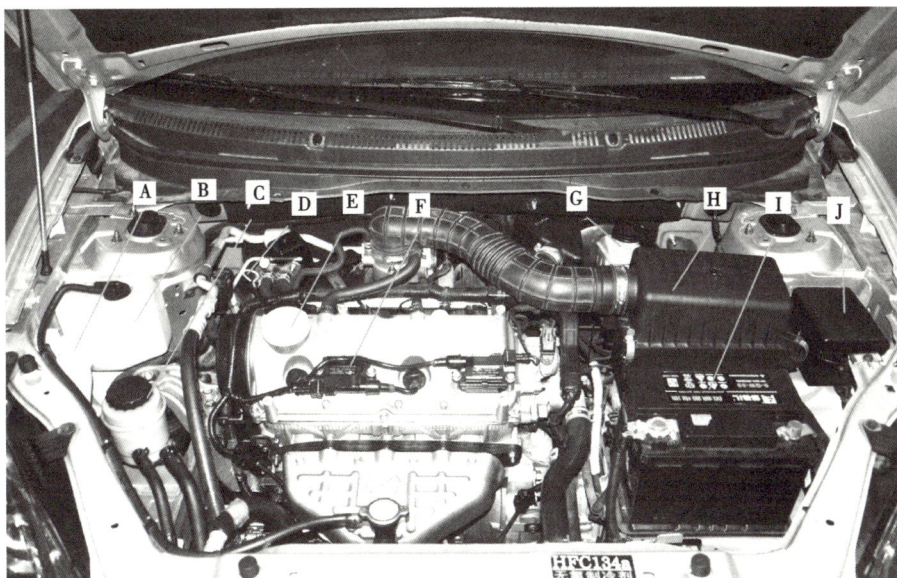

图 3-1

A—玻璃水储液罐;B—冷却液储液罐;C—转向助力液储液罐;

D—机油尺;E—机油加注口盖;F—点火线圈;

G—制动液储液壶;H—空气滤清器;I—蓄电池;J—保险盒

三、操作步骤

序号	图示	作业流程
1		拉起位于方向盘左下侧的发动机舱盖释放杆,再拨开机盖锁拉手,将机盖掀起来,用机盖撑杆把机盖支撑起来,机盖支撑要安全牢固。
2		安装车外前格栅布、翼子板布,要保证磁铁与车身吸住,防止掉落。

续表

序号	图示	作业流程
3		用毛刷清理缝隙处表面灰尘。
4		用毛巾擦拭干净。
5	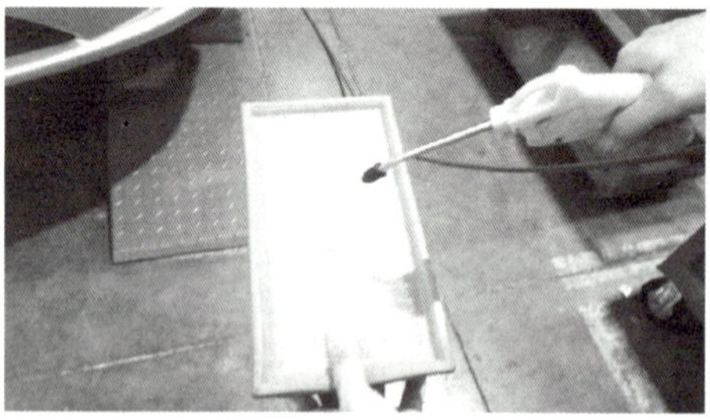	用吹尘枪吹干净空气滤芯上的灰尘。
6	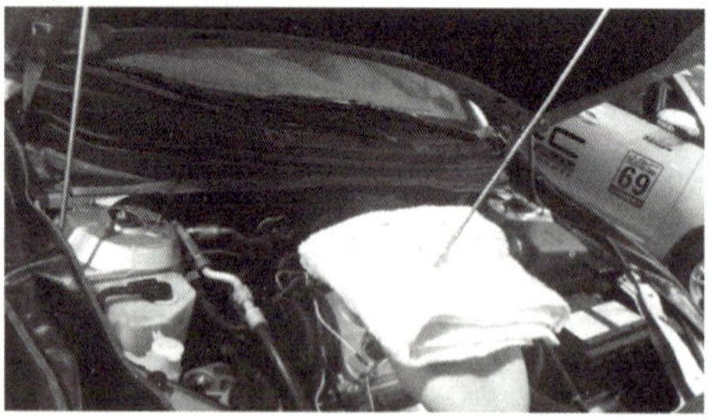	检查发动机油液位,目测其色泽和黏度,标准液位在上下刻度线中间偏上位置。
7	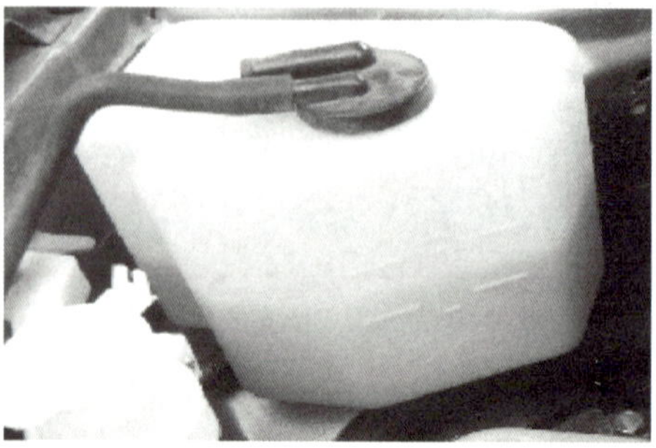	检查冷却液液位,标准位置在上下刻度线中间,如果冷却液不足应立即补充。当冷却液减少明显时,水箱散热器、水箱软管有可能泄漏。

续表

序号	图示	作业流程
8	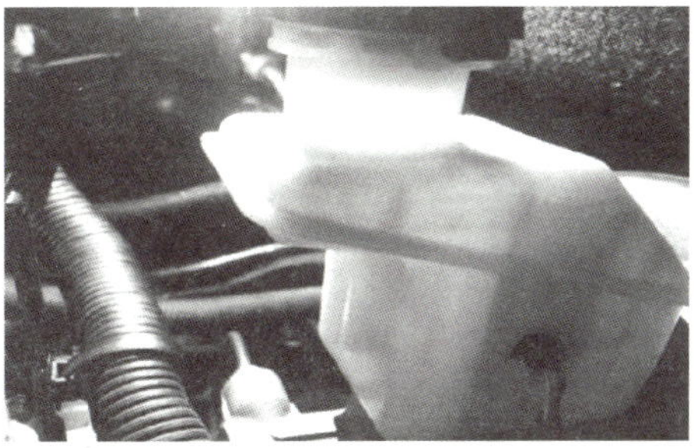	检查制动液液位,标准位置应在上限(MAX)和下限(MIN)之间。如果液体的减少明显,要考虑制动液是否泄漏。制动液更换期限一般是 2 年或者 40 000 km。
9	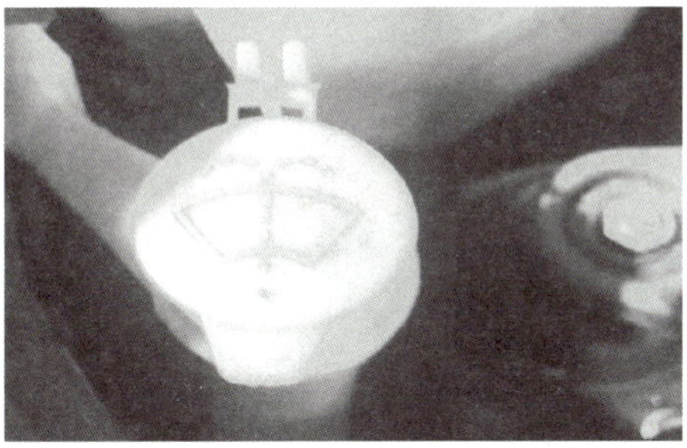	检查玻璃清洗液液位,标准为刻度线中间位置,如液位偏低应立即补充。
10	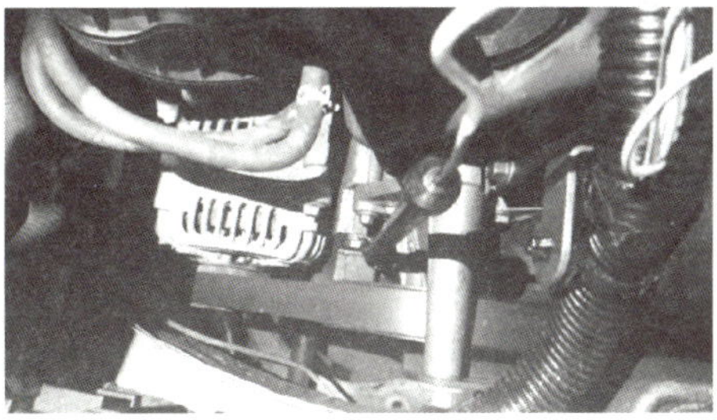	目测检查发电机传动皮带上是否有老化裂纹、损伤、油污、毛刺、脱层等现象,若有应及时更换皮带。
11	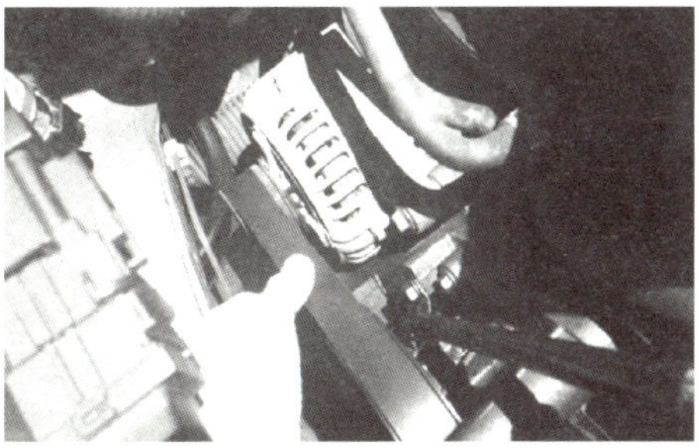	检查传动皮带的松紧度,用拇指用力压皮带条,压力 10 kg 左右,若是皮带的压下量有 10 mm,则可以判断皮带的张力合适。若是出现下压量过大,则皮带张力不足,这种情况下容易出现皮带打滑等现象。若是皮带几乎没有压下量出现,这种情况下容易给辅机的轴承带来损伤,这时候应该调节螺母或螺栓的松紧,使皮带处于一个合适的张力。

续表

发动机机舱
检查与空调
检查视频

序号	图示	作业流程
12		检查蓄电池电极柱固定是否可靠,表面是否清洁,检查蓄电池电压是否正常,清洁电极柱和蓄电池表面。
13		检查线束是否有折痕、挤压、烧烫、破损、裸露等现象,如有应包扎或更换线束;检查线束插接器是否固定牢固。
14		拆卸车外三件套(翼子板布、前格栅布)。
15		清洁整理工具、设备、场地。

【任务实施】

任务名称			
班　级		姓　名	
地　点		日　期	
成　员			

一、任务准备

1.设备准备

长安悦翔汽车等。

2.工量具准备

车外三件套、抹布、手电筒、吹尘枪等。

二、过程记录

活动名称		任务要点记录	使用资源记录	本人角色
发动机舱检查与保养	1.发动机舱清洁			□安全员 □操作员 □记录员 □观察员
	2.油液检查			□安全员 □操作员 □记录员 □观察员
	3.皮带检查			□安全员 □操作员 □记录员 □观察员
	4.电器检查			□安全员 □操作员 □记录员 □观察员

【评价与考核】

序号	作业项目	考核内容	评分标准	配分	扣分
1	作业安全职业操守	能进行工位 7S 操作	□整理、整顿(0.5分) □清理、清洁(0.5分) □素养、节约(0.5分) □安全(0.5分)	2	
		能进行设备和工具安全检查	□检查作业所需要的工具设备是否完备(1分) □检查作业环境是否配备灭火器(1分) □检查设备用电情况是否正常(1分)	3	
		能进行安全用电操作	□作业过程中做到远离油液(1分) □正确连接实训供电设备(1分) □正确操作用电设备(2分)	4	
		能进行工具清洁校准存放操作	□使用工具前对工具量具进行校准(1分) □使用工具后对工具量具进行清洁(1分) □作业完成后对工具进行复位(1分)	3	
2	发动机舱清洁	发动机舱的组成	□能准确说出发动机舱的组成	8	
		发动机舱清洁	□正确清洁，无遗漏	6	
3	油液检查	检查发动机油液位	□检查前清洁尺身(5分) □正确观察机油尺(5分)	10	
		检查冷却液液位	□正确观察冷却液	6	
		检查制动液液位	□正确观察制动液	6	
		检查玻璃清洗液液位	□正确观察玻璃清洗液(5分) □正确补充玻璃清洗液(5分)	10	

续表

序号	作业项目	考核内容	评分标准	配分	扣分
4	皮带检查	压缩机皮带检查	□能检测皮带张紧力(5分) □会更换皮带(5分)	10	
		发电机皮带检查	□能正确检查风扇皮带松紧度(5分) □会更换皮带(5分)	10	
5	电器检查	蓄电池检查和清洁	□能检查电极柱固定是否可靠(2分) □能对电极柱和表面进行清洁(2分) □会检查蓄电池电压是否正常(3分)	7	
		线路、插接器检查	□能正确检查线束情况(4分) □能检查线束插接器是否固定牢固(3分)	7	
6	信息录入资料应用资讯检索	能正确使用网络查询资料	□查询机油量的检查方法(1分) □查询冷却液量的检查方法(1分) □查询制动液量的检查方法(1分) □查询玻璃清洗液的检查方法(1分)	4	
		能在规定时间内查询所需资料	□能在规定时间内查询所需资料(1分)	1	
7	工具及设备的使用能力	岗位所需工具设备的使用能力	□能正确使用吹尘枪(3分)	3	
合计				100	

【实训报告单】

实训报告单					
科目		班级		学生姓名	
实训项目					
实训任务					
实训器材					
实训内容					
体会或建议					
实训结果	自评＿＿＿＿＿＿＿＿		互评＿＿＿＿＿＿＿＿		师评＿＿＿＿＿＿＿＿

指导教师＿＿＿＿＿＿＿＿＿＿＿＿＿＿　　　　　　　＿＿＿＿年＿＿＿月＿＿＿日

【作业】

一、填空题

1.发动机冷却液有防冻、防沸、_____、_____等作用,能保护发动机,延长发动机使用寿命。

2.蓄电池是一种将_____转变成电能的装置,属于直流电源。

3.检查制动液的液位,标准位置应在_____和_____之间。

4.当正时皮带断裂,会导致发动机_____,并损坏其他部件。

5.检查玻璃清洗液液位,标准为刻度线_____,如液位偏低应立即补充。

二、选择题

1.下列不是由于皮带轮张紧不足造成的是(　　　)。

 A.皮带打滑   B.皮带轮转速降低

 C.皮带噪声   D.发电机轴承磨损

2.冷却液不具有的功能是(　　　)。

 A.降低冰点   B.提高沸点   C.抗锈防腐   D.润滑

3.下列关于机油黏度的描述正确的是(　　　)。

 A.机油黏度越小,质量越好

 B.冷气候地区应选用黏度小的机油

 C.机油黏度越小,抗磨损能力越强

 D.热气候地区应选用黏度较小的机油

4.为保持良好的制动性能,制动液应每隔(　　　)更换一次。

 A.1 年   B.2 年   C.3 年   D.4 年

5.汽车发动机正常的工作温度是(　　　)摄氏度。

 A.66～70   B.70～80   C.80～90   D.90～100

三、思维拓展

简述发动机舱保养的具体内容。

项目四 | 汽车空调检查与保养

【项目描述】

黄先生的汽车开启空调后风量正常,但是出风不凉,送到 4S 店检查,经检查确认是由制冷剂不足引起的,需加注制冷剂。

本项目的主要任务就是对汽车空调进行检查与保养,由空调滤清器的更换、制冷剂的纯度鉴别、冷循环系统的检漏、制冷剂的加注 4 个任务组成。

【项目内容】

任务名称	主要内容
空调滤清器的更换	更换空调滤清器
制冷剂的纯度鉴别	1.认识制冷剂纯度鉴别仪; 2.用制冷剂纯度鉴别仪检查制冷剂纯度
冷循环系统的检漏	1.认识电子检漏仪; 2.检查冷循环系统是否泄漏
制冷剂的加注	1.认识制冷剂回收加注机; 2.制冷剂的回收加注

【项目目标】

1.能描述汽车空调的基本组成。

2.能讲述汽车制冷系统的组成与工作原理。

3.能正确完成空调的维护作业。

4.能按照使用手册的要求规范操作。

5.能查阅维修手册和相关资料,完善维修任务所需要的信息。

6.能按照 7S 管理要求,整理现场,归置物品。

【知识储备】

一、空调滤清器

1.空调滤清器的作用

汽车空调滤清器是用于过滤从外界进入车厢内部的空气,达到使车内空气的洁净度提高的目的,也是外部空气进入车厢的第一道关口。汽车空调滤清器一般使用长丝无纺布作为主要过滤层,有些加入活性炭等吸附物,分为普通滤纸型空调滤芯、活性炭滤芯。

2.空调滤清器的拆装

序号	图示	作业流程
1		打开副驾驶前面的储物盒。
2		摘掉储物盒的挂钩,旋转两侧的塑料螺钉并拆下储物盒。
3		打开按扣,取出空调滤芯。
4		按照与拆卸相反的顺序安装新空调滤芯。

二、制冷剂的纯度鉴别

1.ROBINAIR 型制冷剂鉴别仪的组成

ROBINAIR 型制冷剂鉴别仪的组成,如图 4-1 所示。

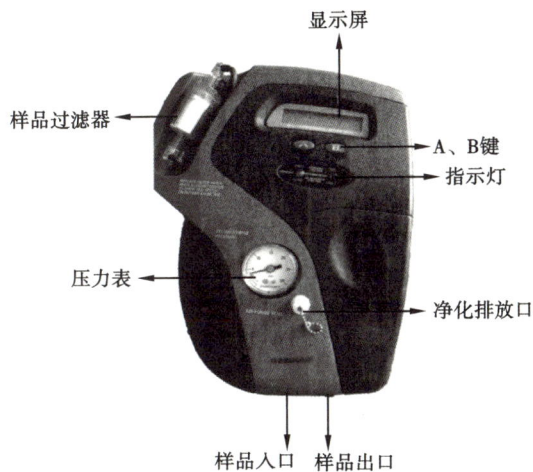

图 4-1

2.ROBINAIR 型制冷剂鉴别仪的使用流程

序号	图示	作业流程
1		连接电源。
2		检查采样管口、采样管、过滤器、进气口、净化排放口。

续表

序号	图示	作业流程
3	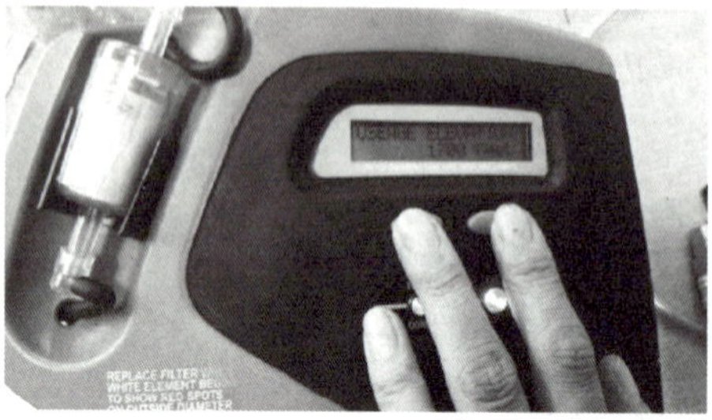	同时按下 A、B 键,设定海拔高度。
4	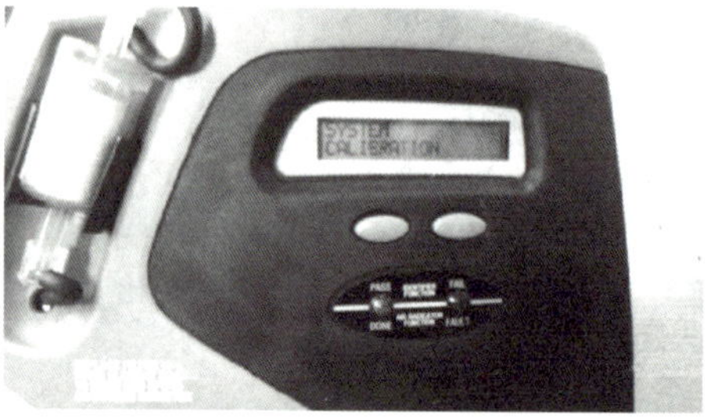	预热完后系统自动进行自检,时间为 1 min。
5	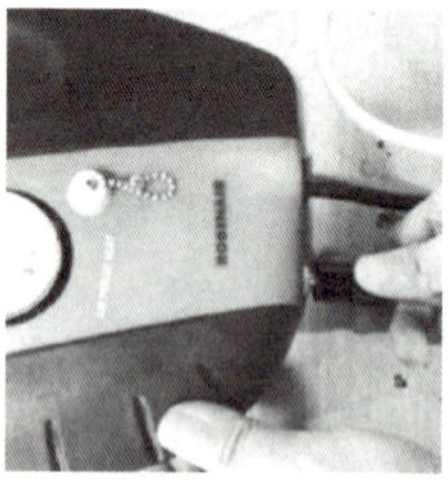 	连接检测仪与车辆空调管路。
6	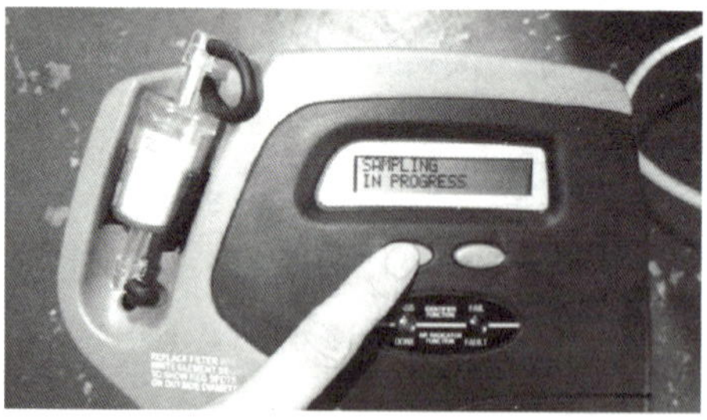	按下 A 键开始制冷剂检测。
7	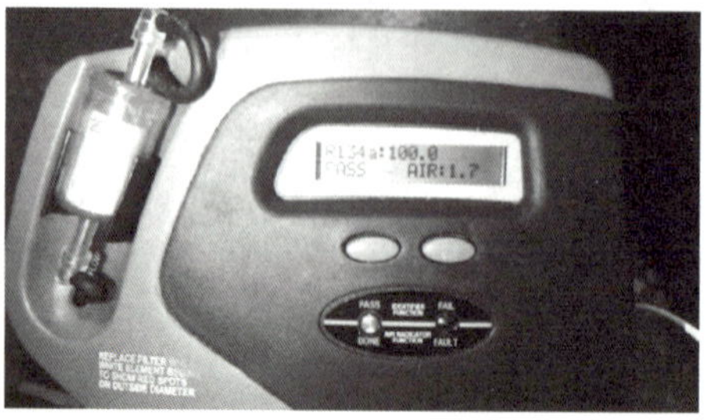	显示检测结果。

三、冷循环系统的检漏

汽车空调的工作环境比较恶劣,由于汽车振动等原因容易造成各接口处密封性能变差,制冷效果不好,所以需要进行空调制冷系统的检漏。检漏方式分为外观检漏、真空检漏、荧光检漏、肥皂泡检漏、电子检漏仪检漏。

电子检漏仪(图4-2)探头吸收任何漏出的制冷剂,发现制冷剂时,检漏仪即发出声响报警或烁光,其操作方法如下:

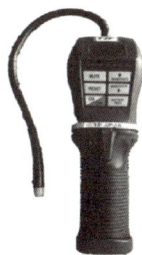

图 4-2

序号	图示	作业流程
1		按电源开关键开机。调节使第一个 LED 灯点亮,发出低频率的"嘀嘀"声。
2		将探头指向被检区域,如点亮的 LED 灯增多,声音频率增快,说明有渗漏。

四、制冷剂的加注

1.制冷剂

制冷剂,又称为冷媒,可以根据空调系统的要求变化状态,实现制冷循环,目前常用的是 R134a。加注制冷剂的方法有高压侧加注、低压侧加注等。加注制冷剂的步骤如下(以低压侧加注为例):①将中间注入软管与制冷剂罐连接。②将中间注入软管中的空气排出。③启动发动机并运行空调,将制冷量和风速调至最大,关闭高压手动阀,旋开低压手动阀,制冷剂以气态形式从低压侧进入制冷系统。

2.冷媒加注回收机

冷媒加注回收机如图4-3所示。

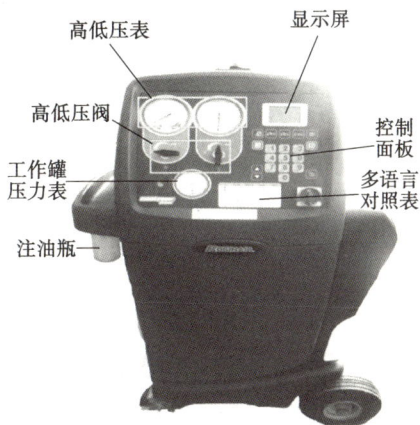

图 4-3

冷媒加注回收机的操作流程如下：

序号	图示	作业流程
1		打开冷媒加注回收机的电源。
2	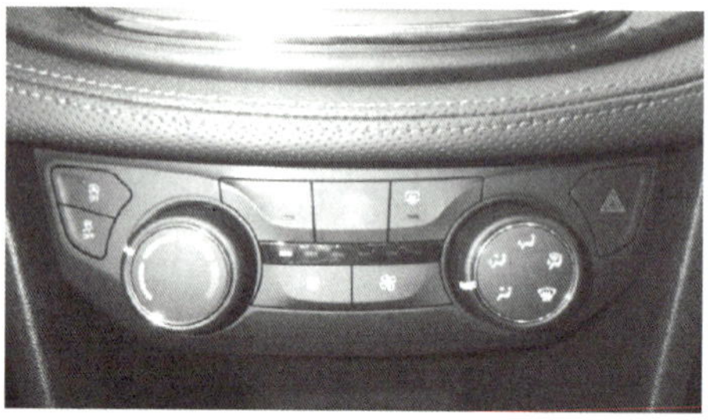	启动制冷装置运行 3~5 min。
3	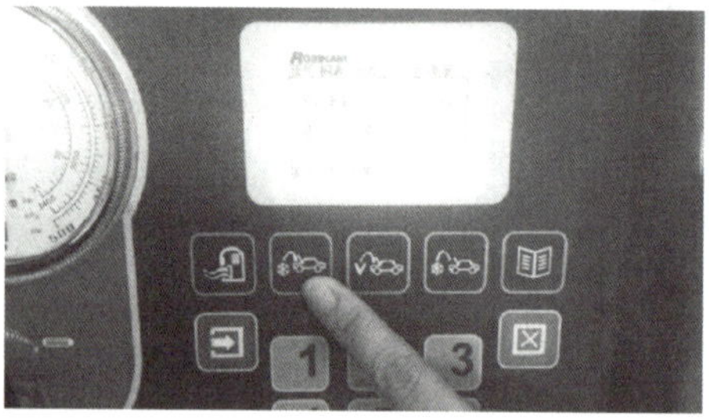	按"回收"键，进入回收程序。
4		连接管路，将高低压快速接头正确连接至制冷系统的检测接口。注意：顺时针拧开高低压开关时，速度应慢一些，防止冷冻机油被制冷剂带出系统。
5	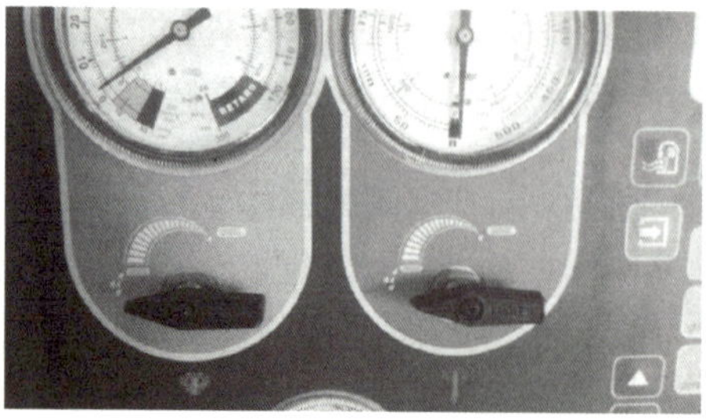	打开仪器上的高、低压阀。

续表

序号	图示	作业流程
6	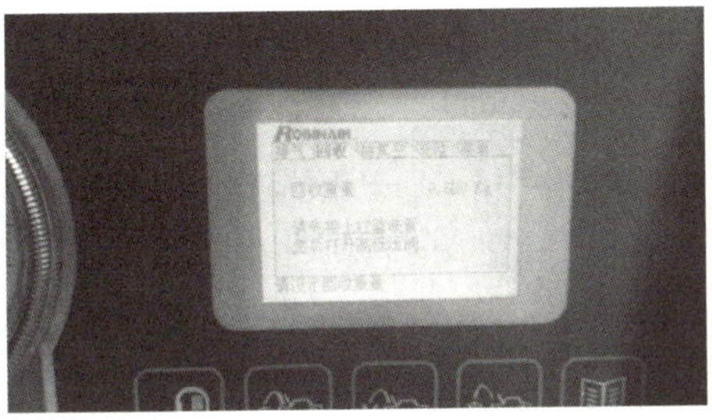	进行制冷剂回收。
7		关闭控制面板上的阀门。
8	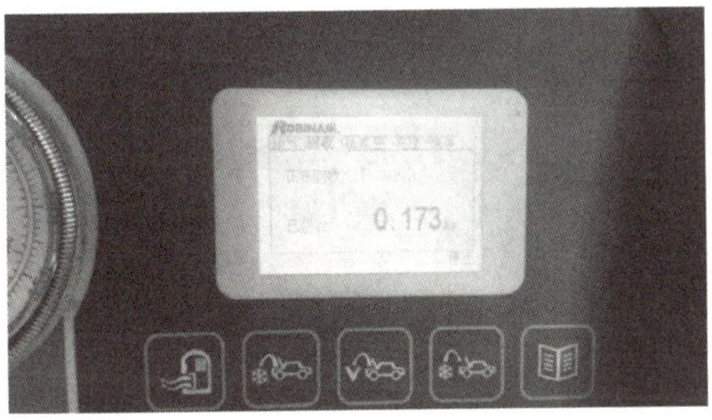	选择"抽真空"键,按数字键选择抽真空时间。
9	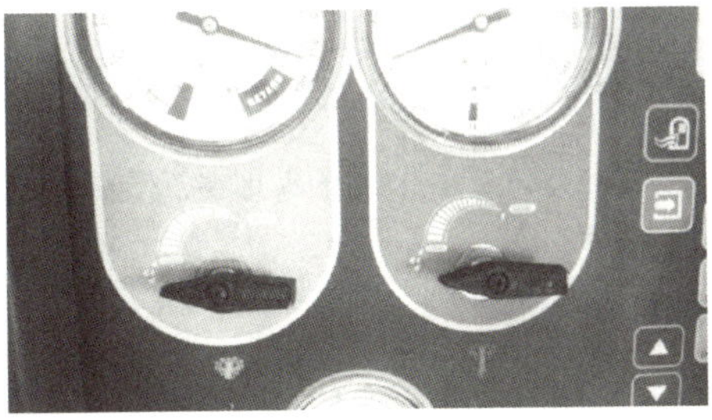	打开高、低压阀,抽真空至系统真空度低于−90 kPa。
10	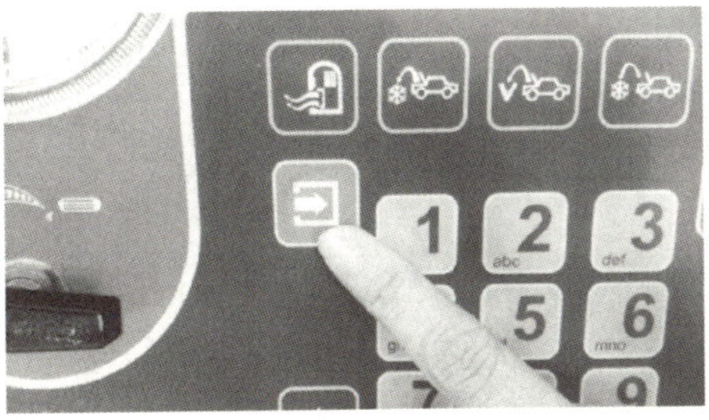	抽真空结束后,按"确认"键对系统进行泄漏检测。

续表

序号	图示	作业流程
11	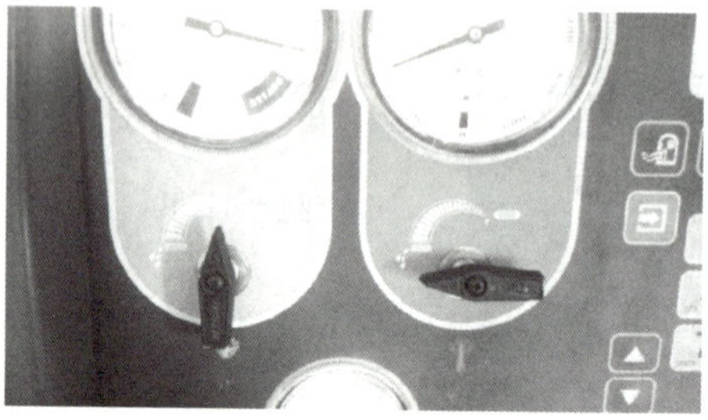	采用单管加注,关闭低压阀,打开高压阀。
12		按"确认"键,进入制冷剂充注界面。
13	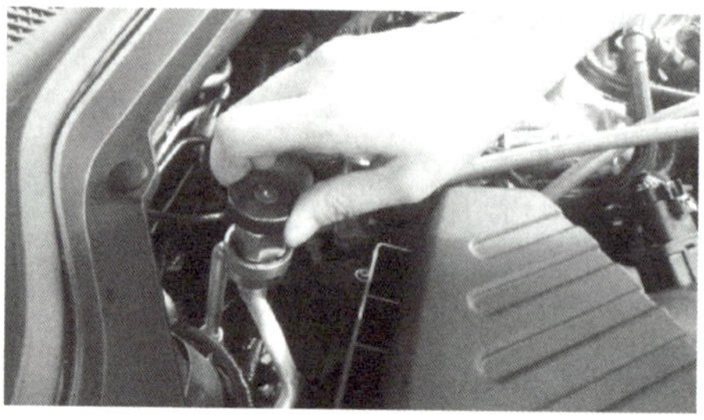	加注结束,逆时针旋转高压快速接头,将加注管与制冷系统断开,准备对管路进行清理。
14	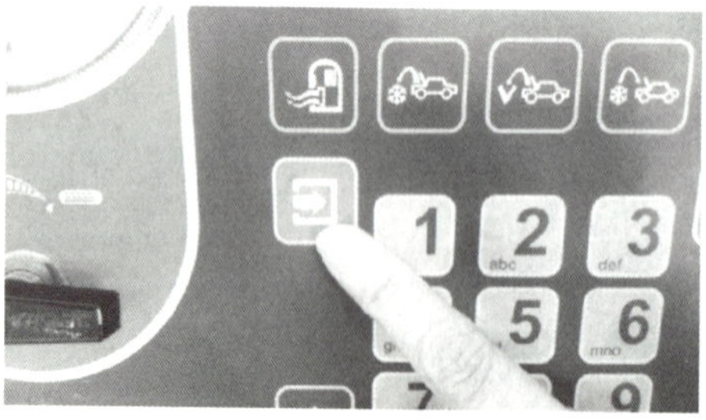	管路清理完成后,按"确认"键退出。

【任务实施】

任务名称			
班　级		姓　名	
地　点		日　期	
成　员			

一、任务准备

1.设备准备
长安悦翔汽车、冷媒加注回收机、制冷剂鉴别仪、制冷剂电子检漏仪等。
2.工量具准备
汽车维修常用工具等。

二、过程记录

活动名称		任务要点记录	使用资源记录	本人角色
发动机舱检查与保养	1.空调滤清器的更换			□安全员 □操作员 □记录员 □观察员
	2.制冷剂的纯度鉴别			□安全员 □操作员 □记录员 □观察员
	3.冷循环系统的检漏			□安全员 □操作员 □记录员 □观察员
	4.制冷剂的加注			□安全员 □操作员 □记录员 □观察员

【评价与考核】

序号	作业项目	考核内容	评分标准	配分	扣分
1	作业安全职业操守	能进行工位 7S 操作	□整理、整顿(0.5 分) □清理、清洁(0.5 分) □素养、节约(0.5 分) □安全(0.5 分)	2	
		能进行设备和工具安全检查	□检查作业所需要的工具设备是否完备(1 分) □检查作业环境是否配备灭火器(1 分) □检查设备用电情况是否正常(1 分)	3	
		能进行安全用电操作	□作业过程中做到远离油液(1 分) □正确连接实训供电设备(1 分) □正确操作用电设备(2 分)	4	
		能进行工具清洁校准存放操作	□使用工具前对工具量具进行校准(1 分) □使用工具后对工具量具进行清洁(1 分) □作业完成后对工具进行复位(1 分)	3	
2	空调滤清器的更换	空调滤清器的功用	□能准确说出空调滤清器的结构	6	
		空调滤清器的拆卸与安装	□能正确拆卸、安装	10	
3	制冷剂的纯度鉴别	ROBINAIR 型制冷剂鉴别仪	□能准确说出 ROBINAIR 型制冷剂鉴别仪的结构	6	
		ROBINAIR 型制冷剂鉴别仪的使用	□正确使用 ROBINAIR 型制冷剂鉴别仪	10	

续表

序号	作业项目	考核内容	评分标准	配分	扣分
4	冷循环系统的检漏	检漏方式	□能准确描述冷循环系统的检漏方式	8	
		电子检漏仪	□能正确使用电子检漏仪查找渗漏点	10	
5	制冷剂的加注	制冷剂的作用	□能准确说出制冷剂的作用	8	
		冷媒加注回收机	□能描述冷媒加注回收机的结构(8分) □能正确使用冷媒加注回收机(10分)	18	
6	信息录入资料应用资讯检索	能正确使用网络查询资料	□查询空调滤芯的更换方法(1分) □查询制冷剂纯度鉴别仪的使用方法(1分) □查询电子检漏仪的使用方法(1分) □查询冷媒加注回收机的使用方法(1分) □查询冷媒加注量(1分)	5	
		能在规定时间内查询所需资料	□能在规定时间内查询所需资料	1	
7	工具及设备的使用能力	岗位所需工具设备的使用能力	□能正确使用制冷剂鉴别仪(2分) □能正确使用电子检漏仪(2分) □能正确使用冷媒加注回收机(2分)	6	
合计				100	

【实训报告单】

实训报告单				
科目		班级		学生姓名
实训项目				
实训任务				
实训器材				
实训内容				
体会或建议				
实训结果	自评_____ 互评_____ 师评_____			

指导教师_____ _____年____月____日

【作业】

一、填空题

1.空调制冷系统常用的检漏方法有外观检漏、真空检漏、染料检漏、荧光检漏、_____、压力检漏、_____、卤素灯检漏等。

2._____一般使用长丝无纺布作为主要过滤层,有些加入活性炭等吸附物,分为普通滤纸型空调滤芯、活性炭滤芯。

3.加注制冷剂的方法有_____、_____。

4.汽车空调压缩机工作过程一般为吸气、压缩、_____、_____。

5.真空泵是汽车空调制冷系统安装、维修后抽真空不可缺少的设备,以去除系统内的_____和_____等物质。

二、选择题

1.由压缩机压出刚进入冷凝器的制冷剂为( )。
    A.低温低压液态   B.高温高压液态
    C.低温低压气态   D.高温高压气态

2.干燥剂的作用是( )制冷剂。
    A.清洗   B.滤清   C.干燥   D.过滤

3.汽车空调控制按钮"AUTO"表示( )。
    A.停止   B.自动控制
    C.手动控制   D.温度控制

4.空调制冷系统中压缩机的作用是( )。
    A.控制制冷剂流   B.完成做功过程
    C.控制蒸发   D.完成压缩过程

5.在汽车空调系统中,除压缩机外( )是高压与低压的分界线。
    A.膨胀阀   B.冷凝器   C.蒸发器   D.干燥瓶

三、思维拓展

简述电子检漏仪的使用流程。

项目五┃冷却系统部件检查保养

【项目描述】

车主李女士驾驶一辆 2010 款长安悦翔汽车正常上班,发现汽车上坡无力,动力明显下降,再观察汽车仪表,发现水温表指示到红色警告区域,显示水温过高。李女士立即靠边停车打电话请求维修车辆。经 4S 店检查发现冷却液不足,需对发动机的冷却系统进行全面检查。

本项目的主要任务就是对汽车冷却系统进行检查与保养,由冷却液液位与冰点检查、冷却系统密封性检查、更换冷却液 3 个任务组成。

【项目内容】

任务名称	主要内容
冷却液液位与冰点检查	1.安装车内三件套、翼子板布和前格栅布; 2.检查冷却液液位和冰点
冷却系统密封性检查	1.检查冷却系统渗漏情况; 2.检查散热器盖的密封性
更换冷却液	更换冷却液

【项目目标】

1.能正确选用相关工具设备。

2.知道冷却系统的类型、功用及组成。

3.掌握冷却系统密封性的检查方法。

4.掌握冷却液液位与冰点的检查方法。

5.能进行冷却液液位与冰点的检查。

6.能正确使用冷却系统密封性检查相关设备,并能进行冷却系统密封性检查。

7.能进行冷却液的更换。

8.通过小组合作,培养学生的团队合作意识。

9.通过任务活动,让学生养成良好的探索精神。

10.通过表演展示,锻炼学生的语言表达能力。

11.通过实操,激发学生的学习热情,同时提高安全意识、环保意识。

【知识储备】

一、冷却系统的类型、功用及组成

1.冷却系统的类型

按照冷却介质的不同,发动机的冷却系统有水冷式冷却系统和风冷式冷却系统两种。现代汽车发动机普遍使用强制循环式水冷式冷却系统。

2.冷却系统的功用

发动机工作时,由于燃料的燃烧,气缸内气体温度可高达 2 200~2 800 K(1 927~2 527 ℃)。使发动机的零件温度升高,如不及时冷却则难以保证发动机的正常工作,发动机过热或过冷都会给发动机带来危害。发动机冷却系统的功用就是使工作中的发动机得到适度的冷却,从而保持发动机在最适宜的温度范围内工作。

3.水冷式冷却系统的组成

水冷式冷却系统一般有水泵、散热器、节温器、冷却风扇、进水软管和出水软管、膨胀水箱、水温表及水温传感器等组成,如图 5-1 所示。

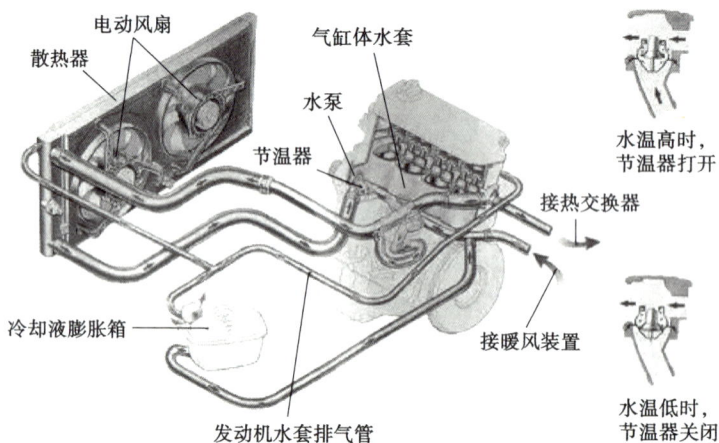

图 5-1

二、冷却液冰点检查

冷却液冰点由冰点仪(图 5-2)来测试,冰点仪的使用方法如下:

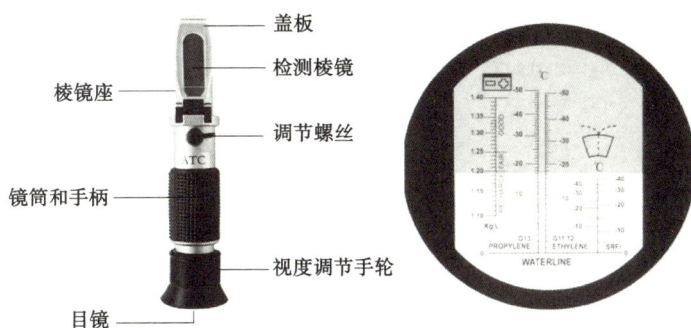

盖板

检测棱镜

棱镜座

调节螺丝

ATC

镜筒和手柄

视度调节手轮

目镜

图 5-2

序号	图示	作业流程
1		掀起盖板,用柔软绒布将盖板和棱镜表面擦拭干净。
2		将待测液体用吸管滴于棱镜表面,合上盖板后轻轻按压。
3		将冰点仪对着明亮处,旋转目镜使视场内刻度线清晰,能读出明暗分界线在标示板上相应标尺上的数值即可(仪器内刻度尺,左边为电解液比重,中间为防冻液冰点,右侧为玻璃液冰点)。
4		测试完毕,用柔软绒布将盖板和棱镜表面擦拭干净,清洗吸管,将仪器放于包装盒内。

三、冷却系统密封性检查

1.检查冷却系统的渗漏情况

序号	图示	作业流程
1	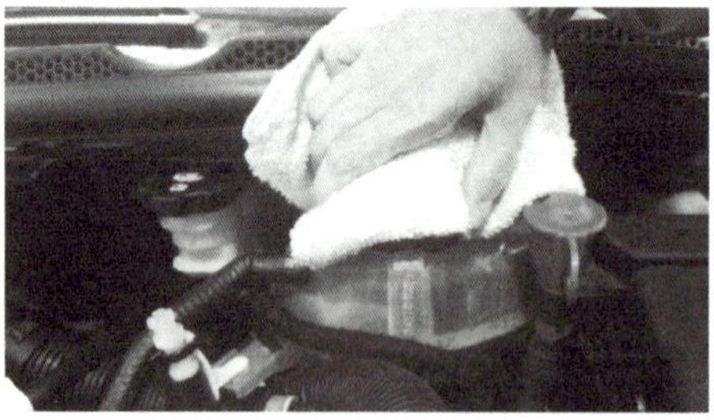	将发动机热机,打开膨胀水箱。在打开膨胀水箱时可能会有蒸汽喷出,可在水箱盖子上包上抹布后小心地拧松,再旋开盖子。
2		将压力测试仪安装到膨胀水箱上。
3	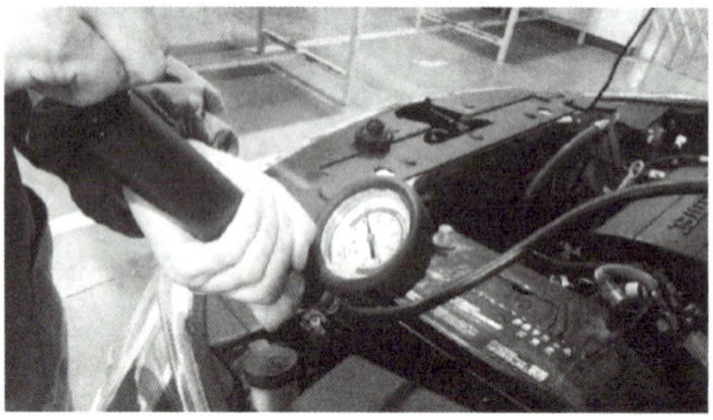	使用手动泵产生约 0.2 MPa 的压力(表压),保压 2 min。观察压力变化,如果压力迅速下降,则找出渗漏的位置并排除故障。一般容易出现渗漏的部位包括散热器、橡胶软管(有无裂纹、凸起和硬化,橡胶软管的连接有无松动)、软管夹周围、膨胀水箱盖等处。

2.检查散热器盖的密封性

序号	图示	作业流程
1	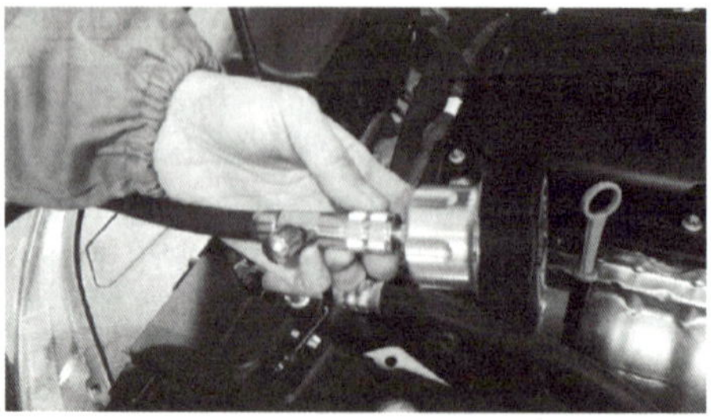	拆下散热器盖并清洁,将散热器盖套在专用工具上。

续表

序号	图示	作业流程
2		使用手动泵使压力上升到约0.15 MPa。当压力为0.12～0.15 MPa时,限压阀必须打开;当压力大于−0.01 MPa(绝对压力为0.09 MPa)时,真空阀应打开。

四、冷却液液位检查及更换

1.冷却液的检查

检查发动机冷却液液位时,要等发动机冷却后,检查冷却液膨胀水箱中的液位。正常膨胀水箱液面高度应在"F"和"L"标记线之间。

如果液位在膨胀水箱上高位线与低位线之间,则表明液量充分;如果液位低于低位线,则需添加冷却液。随着发动机温度的升降,冷却液贮液罐中的液位也会随之变化。

图5-3

2.冷却液的更换

序号	图示	作业流程
1		等发动机冷却后,拆卸散热器盖(用抹布包裹住散热器盖,沿着逆时针方向,将其慢慢地旋转一定角度,等压强泄露后再继续旋转,在确保释放结束所有的压强之后,再拆掉散热器盖)。注意:在发动机运行期间,或者发动机及散热器仍然很热的情形下,注意不要拆卸散热器盖或者松动散热器排放塞,灼热的冷却剂有可能溅射而出,从而造成严重的人身伤害。

续表

序号	图示	作业流程
2		松开散热器放水开关,放出冷却液(用容器接好)。
3	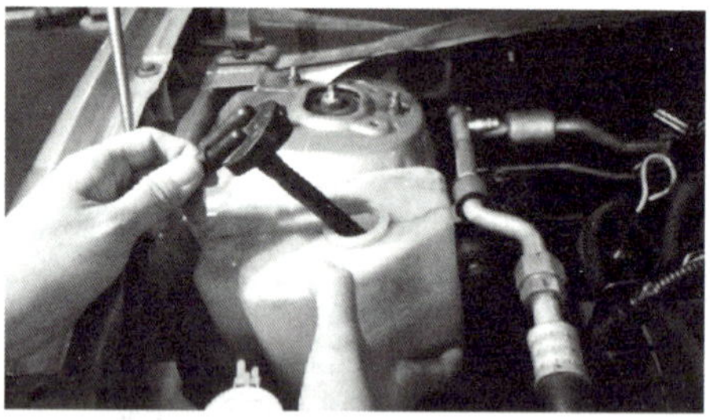	卸下膨胀水箱,排出冷却液。排完后拧紧放水开关,再装上膨胀水箱。
4		给散热器注入规定量的冷却液,拧紧散热器盖。
5	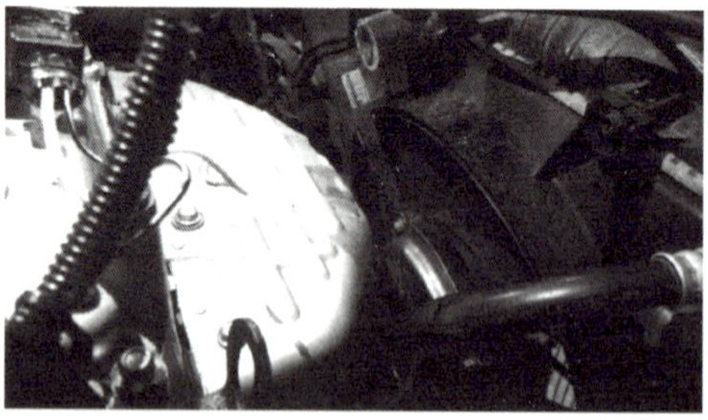	启动发动机,怠速运行至冷却风扇工作,然后关闭发动机。
6	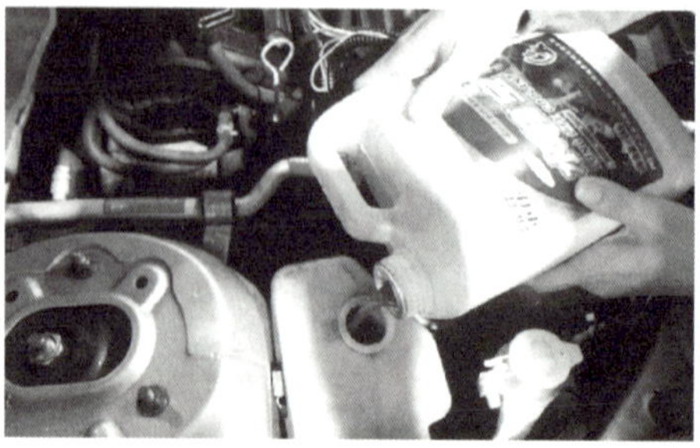	等发动机冷却后,往膨胀水箱里添加冷却液,使冷却液面对准"满"位标记为止。

【任务实施】

任务名称			
班　级		姓　名	
地　点		日　期	
成　员			

一、任务准备

1.设备准备
长安悦翔汽车、举升机等。
2.工量具准备
冷却系密封性检查工具、冰点仪等。

二、过程记录

活动名称		任务要点记录	使用资源记录	本人角色
机油及机油滤清器的更换	1.冷却液液位与冰点检查			□安全员 □操作员 □记录员 □观察员
	2.冷却系统密封性检查			□安全员 □操作员 □记录员 □观察员
	3.更换冷却液			□安全员 □操作员 □记录员 □观察员

【评价与考核】

序号	作业项目	考核内容	评分标准	配分	扣分
1	作业安全职业操守	能进行工位 7S 操作	□整理、整顿(0.5 分) □清理、清洁(1 分) □素养、节约(0.5 分) □安全(1 分)	3	
		能进行设备和工具安全检查	□检查作业所需要的工具设备是否完备(1 分) □检查作业环境是否配备灭火器(1 分) □检查举升机举升情况是否正常(1 分)	3	
		能进行车辆安全防护操作	□正确安装车辆翼子板布(1 分) □正确安装车内三件套(1 分) □正确安装车轮挡块(1 分)	3	
		能进行工具清洁、校准、存放操作	□使用工具后对工具量具进行清洁(1 分) □作业完成后对工具进行清洁复位(2 分)	3	
		能进行三不落地操作	□作业过程做到油液不落地(1 分) □作业过程做到水液不落地(1 分) □作业过程做到工具不落地(1 分)	3	
2	冷却液液位与冰点检查	安装座椅套、方向盘套和地板垫	□正确安装,不漏装(1 分) □座椅套安装服帖(1 分)	2	
		安装翼子板布和前格栅布	□正确安装,不漏装(2 分)	2	
		检查冷却液液位	□用电筒观察(2 分) □检查时不晃动副水箱(2 分)	4	
		检查冷却液冰点	□清洁冰点仪(1 分) □冰点仪校零(1 分) □正确检查冷却液冰点(3 分) □检查后清洁冰点仪(1 分)	6	

续表

序号	作业项目	考核内容	评分标准	配分	扣分
3	冷却系统密封性检查	将发动机热机,打开膨胀水箱盖	□发动机预热后冷却(1分) □打开膨胀水箱盖时缓慢打开并用毛巾保护(2分)	3	
		将冷却系密封性检查工具安装到膨胀水箱上	□清洁膨胀水箱口(1分) □正确安装冷却系密封性检查工具(3分)	4	
		用手动泵产生一定压力并保压然后观察压力变化情况	□用手动泵产生规定压力(2分) □保压2分钟(2分) □认真观察压力变化情况(3分)	7	
		将散热器盖套在专用工具上	□清洁散热器盖	2	
		用手动泵给散热器盖加压,观察压力变化情况	□用手动泵产生一定压力并观察	4	
4	更换冷却液	等发动机冷却后,拆卸散热器盖	□冷却液冷却后再拆卸散热器盖	3	
		松开散热器放水开关,放出冷却液	□放出的冷却液用容器接好	4	
		卸下膨胀水箱,排出冷却液	□膨胀水箱的冷却液排干净	4	
		拧紧放水开关,再装上膨胀水箱	□放水开关拧紧到位	4	
		给散热器注入规定量的冷却液,拧紧散热器盖	□注入规定量的冷却液	4	
		启动发动机,怠速运行至冷却风扇工作,然后关闭发动机	□怠速运行至冷却风扇工作	4	
		等发动机冷却,往膨胀水箱里添加冷却液	□添加冷却液面对准"满"位标记	4	
		清洁整理工具、设备、场地	□清洁整理好所有工具(3分) □清洁整理好设备(2分)	5	

续表

序号	作业项目	考核内容	评分标准	配分	扣分
5	信息录入资料应用资讯检索	能正确使用维修手册查询资料	□查询冷却液型号(1分) □查询冷却液容量(1分) □查询冷却液冲洗及加注流程(1分) □查询冷却系统排气方法(1分)	4	
		能正确使用用户手册查询资料	□查询冷却液更换周期	2	
		能在规定时间内查询所需资料	□能在规定时间内查询所需资料	1	
		能正确记录所需维修信息	□能正确记录所需维修信息	2	
6	工具及设备的使用能力	岗位所需工具设备的使用能力	□能正确选用维修工具(1分) □能正确使用压力测试仪(3分) □能正确使用、读取和校准冰点仪(4分) □能正确使用举升机(2分)	10	
合计				100	

【实训报告单】

实训报告单					
科目		班级		学生姓名	
实训项目					
实训任务					
实训器材					
实训内容					
体会或建议					
实训结果	自评_____　　　　互评_____　　　　师评_____				

指导教师_____　　　　　　_____年____月____日

【作业】

一、填空题

1.按照冷却介质的不同,发动机的冷却系统有_____冷却系统和_____冷却系统两种。

2.现代汽车发动机普遍使用_____水冷式冷却系统。

3.水冷式冷却系统一般由_____、_____、节温器、冷却风扇、进水和出水软管、膨胀水箱、水温表及水温传感器等组成。

4.用冰点仪检测冷却液冰点的时候,应该读取_____标尺的数据。

5.为保证安全,拆卸散热器盖时,应在发动机_____情况下。

二、选择题

1.发动机冷却系统的主要作用是( )。

  A.降低发动机温度   B.保持发动机温度

  C.提高发动机温度   D.使发动机冷却

2.水冷却系统中,冷却水的大小循环路线由( )控制。

  A.电子风扇   B.散热器   C.节温器   D.分水管

3.发动机冷却系统大小循环的区别在于是否流经( )。

  A.水泵   B.节温器   C.散热器   D.水套

4.下列不属于发动机冷却系统的是( )。

  A.水泵   B.节温器   C.散热器   D.冷凝器

5.冷却系统密封性检查的顺序应该是( )。

  A.先目测,再进行打压测试

  B.先进行打压测试,再目测

  C.先目测,再进行打压测试,再目测

  D.以上都可以

三、思维拓展

一辆2019年生产的大众捷达轿车目前已经行驶了18 000 km,经测量其冷却液冰点为-45 ℃,是否需要对此车辆更换冷却液?为什么?

项目六 | 底盘检查与燃油排气部件检查保养

【项目描述】

张先生的长安悦翔汽车在行驶过程中车底部出现异响情况。开到 4S 店进行检查,经维修人员检查后确认故障是由底盘螺栓松动引起,为了排除异响并使汽车保持良好的技术性能,需对该车的底盘进行一次彻底的检查与保养。

本项目的主要任务就是对底盘燃油排气部件进行检查保养,由底盘螺栓检查与紧固、燃油管路泄露检查、排气管及吊耳检查、燃油滤清器检查及更换 4 个任务组成。

【项目内容】

任务名称	主要内容
底盘螺栓的检查与紧固	1. 检查紧固副车架与车身连接螺栓; 2. 检查紧固副车架与摆臂连接螺栓; 3. 紧固后桥支架与车身螺栓; 4. 紧固后减震器螺栓
燃油管路泄漏检查	1. 检查油管安装情况; 2. 检查油管渗漏情况
排气管及吊耳检查	1. 检查三元催化转化器; 2. 检查排气管损坏和安装情况; 3. 检查排气管渗漏情况
燃油滤清器检查及更换	1. 拆卸旧燃油滤清器; 2. 安装新燃油滤清器; 3. 建立油压

【项目目标】

1. 能进行底盘螺栓的检查与紧固。
2. 能进行燃油油管安装情况的检查。

3.能进行燃油油管渗漏情况的检查。

4.能进行三元催化转化器的检查。

5.能进行排气管的检查。

6.能进行燃油滤清器的更换。

7.在操作过程中,培养学生常备不懈的安全操作意识,培养学生踏实、肯干、肯钻研的工作态度和良好的岗位职责意识。

8.培养学生的环保意识,让他们能对实训后的垃圾进行合理分类。

【知识储备】

一、底盘螺栓的检查与紧固

不同车型底盘结构不同,检查和紧固的项目和顺序也不同。紧固操作有 3 种:用扭力扳手紧固到规定的力矩;用呆扳手紧固,以确认螺栓或螺母无松动为宜;目视确认锁止安全装置是否齐全到位。

序号	图示	作业流程
1		紧固副车架与车身连接螺栓。
2		紧固副车架与摆臂连接螺栓。
3		紧固后桥支架与车身螺栓。

续表

序号	图示	作业流程
4	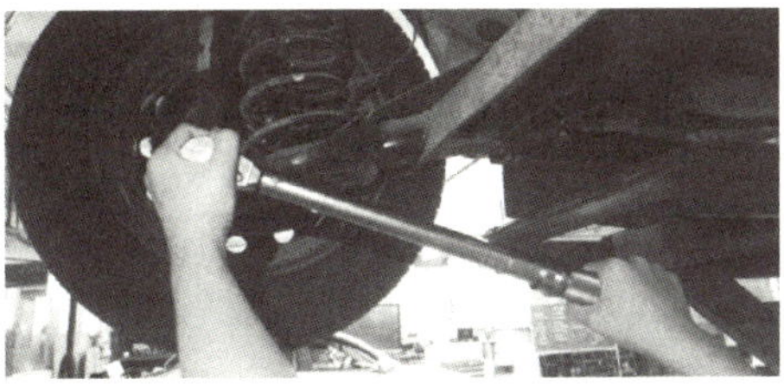	紧固后减震器螺栓。

二、燃油管路泄漏检查

序号	图示	作业流程
1	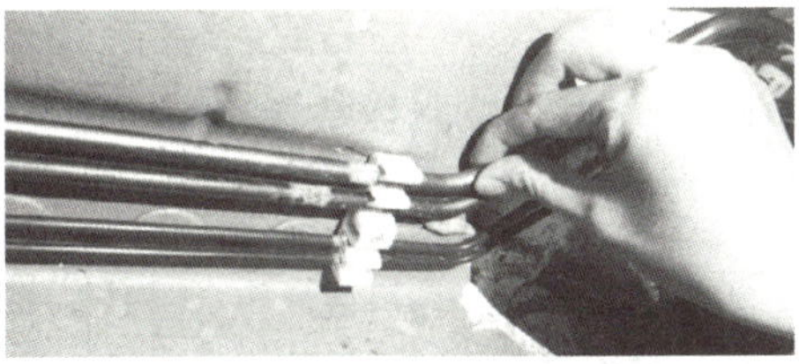	检查油管安装固定情况（卡扣是否松动）。
2		检查汽油滤清器部位插接式管接头锁止情况。
3	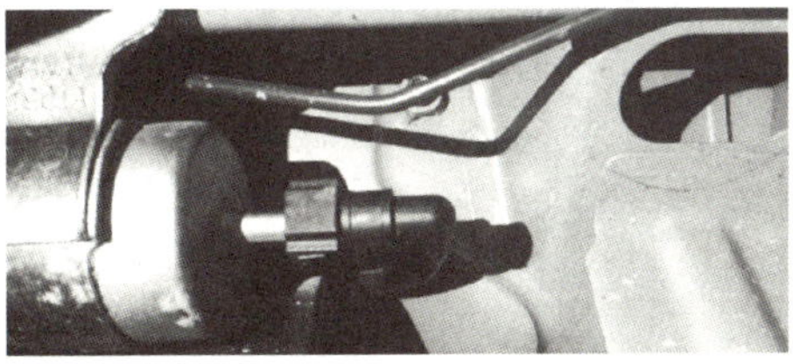	检查油箱部位插接式管接头锁止情况。
4	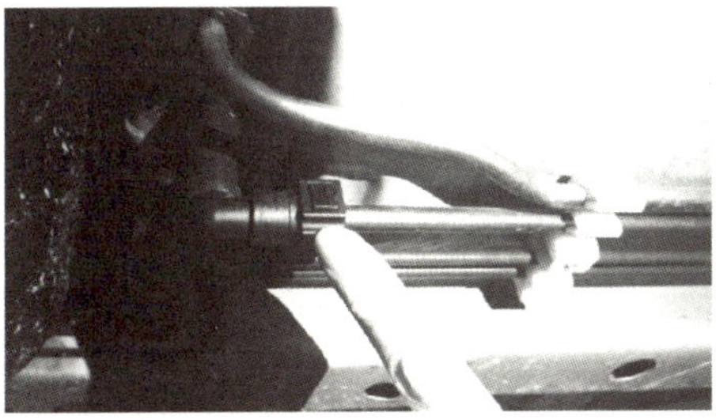	目视检查油管接头处泄露情况。

续表

序号	图示	作业流程
5	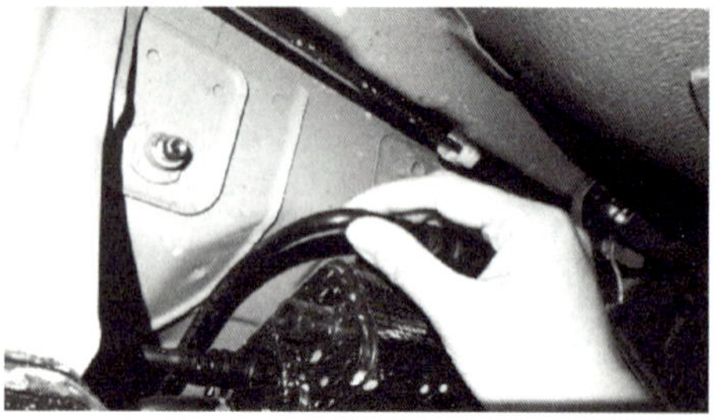	检查连接软管老化情况。

三、排气管及吊耳检查

序号	图示	作业流程
1	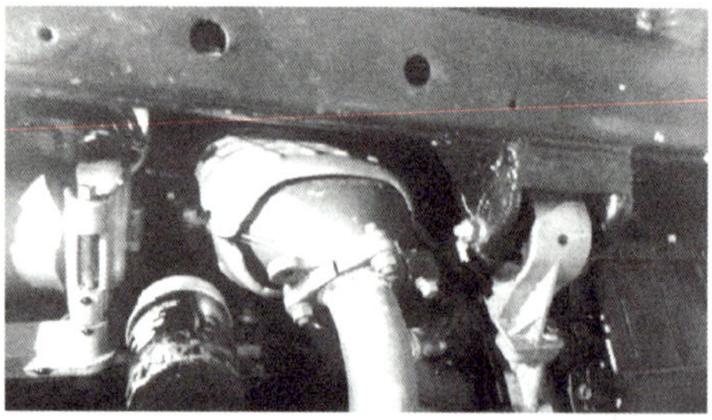	目视检查三元催化转化器表面是否有凹陷（如有明显凹陷和刮痕，则说明催化转化器的载体可能受到损伤）；检查三元催化转化器外壳是否有严重的褪色斑点或略有呈青色、紫色的痕迹（如有则说明催化转化器曾处于过热工作状态，需进行进一步检查）。
2	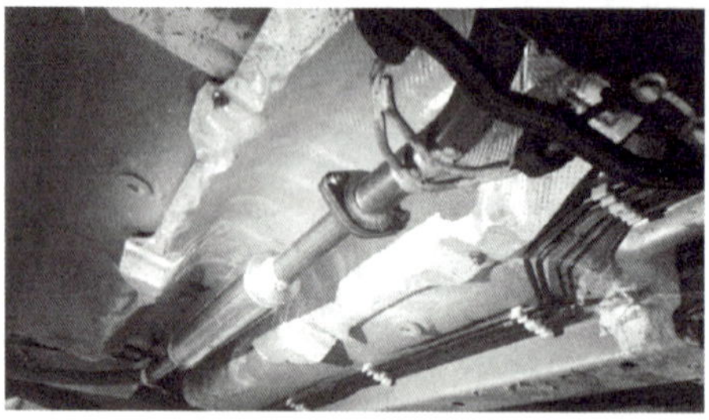	检查排气管是否损坏。
3	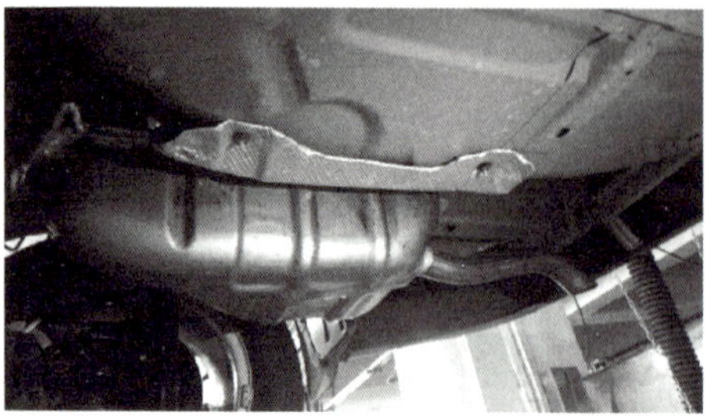	检查消声器是否损坏。

续表

序号	图示	作业流程
4		检查排气管支架上的橡胶吊耳是否损坏或脱离。
5		检查垫片是否损坏。通过观察接头周围是否存在炭黑,检查排气管连接部分是否渗漏废气。

四、燃油滤清器检查及更换

汽油滤清器(图 6-1)的功用是滤去汽油中的固体杂质,防止污物堵塞喷油器针阀等精密机件,减少机械磨损,确保发动机稳定运行。

汽油滤清器安装在电动汽油泵出油管和燃油分配管之间。许多汽车的汽油滤清器布置在汽车底盘下面。

现代汽车上一般都使用不可维修的燃油滤清器,更换时应整体更换。目前,大多数发动机上装的都是一次性不可拆洗式的纸质滤芯燃油滤清器,其更换周期一般为 10 000 km,强制更换周期为 30 000 km。如果燃料中杂质含量大时,其行驶距离应相应缩短。

图 6-1

燃油滤清器更换步骤如下:

序号	图示	作业流程
1		释放燃油系统的油压。关闭点火开关;拆下仪表板左侧熔丝盖;拆下驾驶员侧转向盘下部饰板;拔下油泵继电器;启动发动机,待发动机自行熄火后,再启动发动机 2~3 次,即可完全释放压力。(最好选择在冷车时更换,这时燃油管内压力较低。拆卸前需要先释放燃油系统的油压,防止燃油管内的燃油喷出)

续表

序号	图示	作业流程
2		松开车辆底部燃油滤清器托架紧固螺栓,取下燃油滤清器托架。
3		松开夹箍,拔下燃油滤清器的油管。(用干毛巾吸附漏出的燃油)
4		取下旧的燃油滤清器,按与拆卸相反的顺序安装新的燃油滤清器。(燃油滤清器有进、出油口箭头标记,更换时切勿装反。若不慎倒装,即使在倒装状态下工作的时间很短,也必须更换)
5		更换燃油滤清器后,需建立燃油系统油压:将点火开关旋至"ON"位置接通油泵电源,然后再关闭,如此反复进行数次,使燃油系统建立起油压(不启动发动机)。(恢复燃油压力只需接通电源,先检查油管渗漏情况,再启动发动机,以预防危险)
6		检查燃油滤清器的进油管、出油管处是否存在渗漏现象,检查无渗漏启动发动机工作一段时间再次确认连接处是否有燃油渗漏。

汽车底盘
检查视频

【任务实施】

任务名称			
班　级		姓　名	
地　点		日　期	
成　员			

一、任务准备

1.设备准备
长安悦翔汽车、举升机等。
2.工量具准备
预置式扭力扳手、套筒、手电筒等。

二、过程记录

活动名称		任务要点记录	使用资源记录	本人角色
底盘检查,燃油排气部件检查	1.底盘螺栓检查与紧固			□安全员 □操作员 □记录员 □观察员
	2.燃油管路泄漏检查			□安全员 □操作员 □记录员 □观察员
	3.排气管及吊耳检查			□安全员 □操作员 □记录员 □观察员
	4.燃油滤清器检查及更换			□安全员 □操作员 □记录员 □观察员

【评价与考核】

序号	作业项目	考核内容	评分标准	配分	扣分
1	作业安全职业操守	能进行工位 7S 操作	□整理、整顿(0.5 分) □清理、清洁(1 分) □素养、节约(0.5 分) □安全(1 分)	3	
		能进行设备和工具安全检查	□检查作业所需要的工具设备是否完备(1 分) □检查作业环境是否配备灭火器(1 分) □检查举升机举升情况是否正常(1 分)	3	
		能进行工具清洁校准存放操作	□使用工具后对工具量具进行清洁(1 分) □作业完成后对工具进行清洁复位(2 分)	3	
		能进行三不落地操作	□作业过程做到油液不落地(1 分) □作业过程做到水液不落地(1 分) □作业过程做到工具不落地(1 分)	3	
2	底盘螺栓检查与紧固	紧固副车架与车身连接螺栓	□按规定力矩正确紧固(2 分) □两边螺栓紧固到位,不漏紧(2 分)	4	
		紧固副车架与摆臂连接螺栓	□按规定力矩正确紧固(2 分) □两边螺栓紧固到位,不漏紧(2 分)	4	
		紧固后桥支架与车身螺栓	□按规定力矩正确紧固(2 分) □两边螺栓紧固到位,不漏紧(2 分)	4	
		紧固后减震器螺栓	□按规定力矩正确紧固(2 分) □两边螺栓紧固到位,不漏紧(2 分)	4	

续表

序号	作业项目	考核内容	评分标准	配分	扣分
3	排气管及吊耳检查	检查三元催化转化器是否损坏	□目视检查三元催化转化器外观	4	
		检查排气管、排气消声器是否损坏	□目视检查排气管是否损坏（4分） □目视检查排气消声器是否损坏（4分）	8	
		检查排气管吊耳是否需要更换	□目视检查排气管吊耳是否损坏	4	
		检查排气管是否泄漏	□目视检查排气管是否泄漏	4	
4	燃油管路泄漏检查	检查油管安装固定情况（卡扣是否松动）	□目视检查油管卡扣是否松脱	4	
		检查汽油滤清器部位插接式管接头锁止情况	□目视检查插接头是否松脱	4	
		检查油箱部位插接式管接头锁止情况	□目视检查插接头是否松脱	4	
		目视检查油管接头处泄露情况	□目视检查油管接头是否漏油	4	
		检查连接软管老化情况	□目视检查连接软管老化情况	4	
5	燃油滤清器检查及更换	拆卸旧燃油滤清器	□拆卸时无燃油流到地上	5	
		安装新燃油滤清器	□安装方向正确	5	
		建立油压	□点火开关开到"ON"挡，不启动发动机	5	
		检查接头处渗漏情况	□检查到位	4	

续表

序号	作业项目	考核内容	评分标准	配分	扣分
6	信息录入资料应用资讯检索	能正确使用维修手册查询资料	□查询燃油滤清器更换方法（1分） □查询排气管螺栓扭矩规格（0.5分） □查询底盘各螺栓扭矩规格（0.5分）	2	
		能正确使用用户手册查询资料	□查询燃油滤清器更换周期	2	
		能在规定时间内查询所需资料	□能在规定时间内查询所需资料	2	
		能正确记录所需维修信息	□能正确记录所需维修信息	2	
7	工具及设备的使用能力	岗位所需工具设备的使用能力	□能正确选用维修工具(1分) □能正确使用维修工具拆装（1分） □能正确使用预置式扭力扳手(1分) □能正确使用举升机(2分)	5	
合计				100	

【实训报告单】

实训报告单					
科目		班级		学生姓名	
实训项目					
实训任务					
实训器材					
实训内容					
体会或建议					
实训结果	自评＿＿＿＿＿＿＿＿＿		互评＿＿＿＿＿＿＿＿＿		师评＿＿＿＿＿＿＿＿＿

指导教师＿＿＿＿＿＿＿＿＿＿＿＿＿＿＿　　　　＿＿＿年＿＿月＿＿日

【作业】

一、填空题

1.目视检查三元催化转化器表面是否有_____,如有明显_____和_____,则说明催化转化器的载体可能受到损伤。

2.更换汽油滤清器先要释放燃油系统的油压,关闭_____;拆下仪表板左侧熔丝盖;拆下驾驶员侧转向盘下部饰板;拔下_____;启动发动机,待发动机_____后,再启动发动机2~3次,即可完全释放压力。

3.燃油滤清器有_____、_____油口箭头标记,更换时切勿装反。

4.目前,大多数发动机上装的都是一次性不可拆洗式的纸质滤芯燃油滤清器,其更换周期一般为_____km,强制更换周期为_____km。

5.汽油滤清器安装在_____和_____之间。

二、选择题

1.目视检查三元催化转化器外壳是否有严重的褪色斑点或略有呈青色、紫色的痕迹,如有则说明催化转化器曾处于(　　)状态。

A.被水淹过　　　　　B.过冷工作　　　　　C.过热工作　　　　　D.被冰冻过

2.释放燃油系统的油压,需要拔下(　　)。

A.喷油器保险　　　　B.油泵继电器　　　　C.油泵保险　　　　D.喷油器继电器

3.燃油滤清器有进、出油口箭头标记,若不慎倒装,(　　)。

A.发现后拆下更换方向就没问题

B.倒装时间短更换方向就行;时间长则需更换滤清器

C.即使在倒装状态下工作的时间很短,也必须更换

D.没关系,无须理会

4.更换燃油滤清器后,怎样建立油压?(　　)

A.将点火开关旋至"ON"位置接通油泵电源,再关闭,如此反复进行数次

B.将点火开关旋至"ON"位置接通油泵电源,再启动发动机,运行几分钟

C.将点火开关旋至"ON"位置接通油泵电源,再启动发动机,然后关闭,如此反复进行数次

D.将点火开关旋至"ON"位置接通油泵电源,等待几分钟

5.汽油滤清器强制更换周期为(　　)。

A.10 000 km　　　　B.20 000 km　　　　C.30 000 km　　　　D.50 000 km

三、思维拓展

汽车底盘检查还有哪些检查项目?

项目七 | 润滑系统部件检查保养

【项目描述】

　　根据用户手册要求，汽车每行驶 5 000 km 或 6 个月需要进行机油及机油滤清器的更换。

　　本项目的主要任务就是对汽车机油及机油滤清器进行更换，由换油前检查准备作业、机油及机油滤清器的更换、换油后检查整理作业 3 个任务组成。

【项目内容】

任务名称	主要内容
换油前检查准备作业	1.安装车内三件套、翼子板布、前格栅布； 2.检查发动机机油液位； 3.拆下机油加注口盖； 4.举升汽车
机油及机油滤清器的更换	1.放油螺栓和机油滤清器漏油检查； 2.排放机油； 3.安装放油螺栓； 4.更换机油滤清器； 5.降下汽车加注新机油； 6.启动发动机观察机油有无泄漏
换油后检查整理作业	1.举升机归位； 2.拆下车内三件套、翼子板布和前格栅布； 3.清洁整理工具、设备、场地

【项目目标】

　　1.能正确选用与机油更换相关的工具设备。

　　2.知道发动机机油的作用、类别及型号。

3.能正确选用发动机机油。

4.掌握机油液位、品质的检查方法。

5.能正确使用机油更换相关的工具设备。

6.能进行发动机机油液位的检查。

7.能进行发动机机油的更换。

8.能进行机油滤清器的更换。

9.在操作过程中,培养学生常备不懈的安全操作意识,培养学生踏实、肯干、肯钻研的工作态度和良好的岗位职责意识。

10.培养学生的环保意识,让他们能对实训后的垃圾进行合理分类。

【知识储备】

一、机油的认识

发动机机油作为发动机的润滑油料,是汽车润滑材料中用量最大、性能要求较高,品种规格繁多,工作条件异常苛刻的一种油品。随着汽车工业的发展,汽车使用范围的扩大和档次的提高,要求发动机油不仅质量要高,而且要有多种功能。那么,如何正确选择和更换发动机机油? 使用发动机机油应注意什么事项呢?

1.发动机机油的作用

(1)润滑作用

进入凸轮轴、气缸、活塞、曲轴等金属之间形成油膜,减少摩擦,使运转平稳。

(2)密封作用

填充气缸和活塞间的间隙,减少发动机燃烧室的压缩气体和燃气泄漏,防止外界污染物进入。

(3)冷却作用

发动机运转时产生高温,当机油到达运转部位,就会吸取热量,然后将热量带走,辅助机件散热。

(4)清洗作用

将发动机零件上的碳化物、油泥、磨损金属颗粒通循环带回机油箱,通过润滑油的流动,冲洗零件工作面上产生的脏物。

(5)防锈作用

润滑油能吸附在零件表面防止水、空气、酸性物质及有害气体与零件的接触。

2.发动机机油的标号

在机油的外包装上,我们经常会看到 SAE 和 API 字样(图 7-1),其中 SAE 是美国汽车工程协会的简称,API 是美国石油协会的简称。SAE 后边的标号标明机油的黏度值,而 API 后边的标号则标明机油的质量级别。

（1）机油质量分类

发动机机油按 API 的机油质量分类法,具体分为两类:"S"开头系列代表汽油发动机用油,规格有:API SA、SB、SC、SD、SE、SF、SG、SH、SJ、SL、SM、SN;"C"开头系列代表柴油发动机用油,规格有:API CA、CB、CC、CD、CE、CF、CF-2、CF-4、CG-4、CH-4、CI-4。当"S"和"C"两个字母同时存在,则表示此机油为汽柴通用型。

在 S 或 C 后面的字母表示的意义是:从"SA"一直到"SN",每递增一个字母,机油的性能都会优于前一种,机油中会有更多用来保护发动机的添加剂。字母越靠后,质量等级越高,如图 7-2 所示。

图 7-1

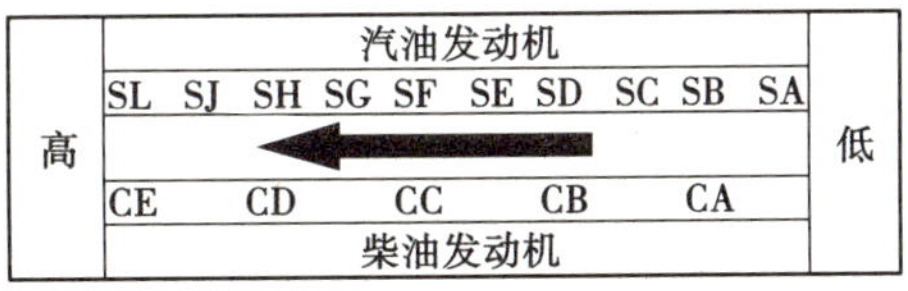

图 7-2

润滑油的选用:根据发动机的使用燃料选择相对应系列的发动机润滑油;不同牌号的机油不得混用;质量等级较高的润滑油可替代质量等级较低的润滑油。

（2）黏度分类

发动机机油按 SAE(美国汽车工程师学会的缩写)的黏度分类法,具体分为夏季用油 4 种,冬季用油 6 种,冬夏通用油 16 种。其中夏季用油牌号分别为:20、30、40、50,数字越大其黏度越大,适用的最高气温越高;冬季用油牌号分别为:0W、5W、10W、15W、20W、25W,符号 W 代表冬季 Winter(冬天)的缩写,W 前的数字越小,低温黏度越小,低温流动性越好,适用的最低气温越低;冬夏通用油,牌号分别为:5W-20、5W-30、5W-40、5W-50、10W-20、10W-30、10W-40、10W-50、15W-20、15W-30、15W-40、15W-50、20W-20、20W-30、20W-40、20W-50,代表冬用部分的数字越小,代表夏季部分的数字越大者黏度越高,适用的气温范围越大,见表 7-1。

发动机机油的选用:根据车型的不同来选择机油,一定要参考维修手册;根据地区、季节和气温选用黏度等级,并尽量使用多级油;根据发动机技术特性选用黏度等级。

表 7-1

黏度等级	适应环境温度/℃	黏度等级	黏度指数
SAE 0W	-40	SAE 20	20
SAE 5W	-30	SAE 30	30
SAE 10W	-25	SAE 40	40
SAE 15W	-20	SAE 50	50
SAE 20W	-15	SAE 5W-30 SAE 10W-40	

二、机油的检查与更换

1.更换机油的必要性

机油在作用过程中,添加剂被逐渐消耗,燃烧产生的污染物与机油混合产生油泥、沉积,时间一长,这些污垢不但会加速发动机磨损,还会导致发动机产生锈化腐蚀、散热不畅等严重后果。因此,及时更换机油是对发动机最好的呵护。

2.机油的检查

(1)机油对发动机的影响

•机油过多:会加大发动机运转阻力,导致油耗增加和机件磨损;机油压力过大,导致机油进入燃烧室燃烧,会造成节气门、气门及发动机积炭。

•机油过少:导致发动机润滑不足,发动机温度过高,加大发动机磨损;如果长时间缺机油,最终会烧毁发动机。

(2)机油检查方法

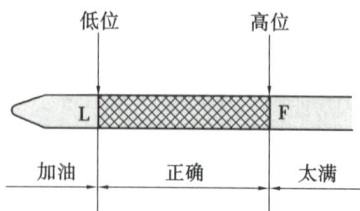

图 7-3

用发动机油尺(如图 7-3 所示)检查机油量是唯一准确、可靠的方法。检查机油存油量时,必须将车辆停放在水平路面上,待发动机熄火数分钟后(发动机油流回油底壳)才能进行检查。这时,先拔出发动机油尺,用一块干净的毛巾擦干后,重新插入曲轴箱内,随后再拔出并读出发动机油液面位置。

3.机油更换周期

在大多数汽车品牌的官方保养手册中,都会有更换机油的两个条件,一个是公里数,一个是时间,以先到为准。很多汽车厂家的使用手册当中建议每 5 000 km 或 6 个月更换一次机油,那么发动机机油到底多久更换一次呢?

(1)使用原厂机油,需按保养手册指引更换

新车买回来后一般保养都是在4S店里进行保养的,保养用的机油也都是所谓的原厂机油。在这种情况下,只需要遵循着汽车保养手册上面的指引的周期来更换机油就行了。建议首次保养可以提前一些,因为发动机在首保之前,是处于首个磨合期,会有较多的机械碎屑出现在发动机内,早些做保养把它们"放"出来,对发动机绝对是有百利而无一害的。

(2)自购机油,按不同种类有不同的更换周期

按机油种类的不同确定更换周期。机油分为矿物油、半合成油、全合成油三类,这三类机油的更换周期也各不相同。一般来说,矿物油的更换周期是半年或5 000 km一换,半合成油是半年或者7 500 km一换,全合成油则是一年或者10 000 km一换。

(3)恶劣环境及非常规驾驶状况,需要缩短更换周期

不过无论是保养手册上的指引,还是自购机油本身的建议,都是指在"一般驾驶"情况下的更换周期。但是,具体情况要具体分析,结合影响机油寿命的因素还得考虑恶劣环境要缩短机油更换周期。这里所指的恶劣环境主要有风沙、灰尘特别大、雾霾特别严重,路面坑坑洼洼、温度特别低的地方;在城市中经常遇到损耗性驾驶,红绿灯和堵车导致汽车长时间怠速或者走走停停,经常是在低于10 km/h的速度行驶等。在这类环境下行驶,由于空气不好、燃烧不充分,发动机会出现大量积炭,进而加剧机油滤芯的堵塞以及机油的杂质含量,那么机油的有效期就很难保证在原有的基础,因此建议把机油更换里程大致缩短20%,具体就是普通矿物机油提前到4 000 km一换,半合成机油提前到6 000 km一换,全合成机油则提前到8 000 km一换,从而达到保证发动机安全运行的目的。

三、机油滤清器的认识

机油滤清器是跟机油同样重要的汽车配件(图7-4),在润滑过程中发动机的金属磨屑、尘土、高温下被氧化的积炭和胶状沉淀物等不断混入润滑油。机油滤清器的作用就是在机油循环润滑过程中,过滤掉这些机械杂质和胶质,防止杂质对发动机造成磨损,同时保持润滑油的清

图7-4

洁,延长其使用期限。发动机工作时产生的微小颗粒和油垢都要通过机油滤清器过滤,当滤芯过滤能力差或者过滤能力下降,没有过滤的机油就通过机油滤清器的旁通阀直接回到发动机里。如果旁通阀压力设计太小或者发生脱落,就会导致没有过滤的机油也直接进入发动机,从而导致发动机磨损加剧。所以,每次更换机油时应同时更换机油滤清器。

四、机油及机油滤清器的更换流程

序号	图示	作业流程
1		安装车内三件套(方向盘套、座椅套和地板垫)。
2		打开发动机舱盖并支撑好,安装翼子板布和前格栅布。
3	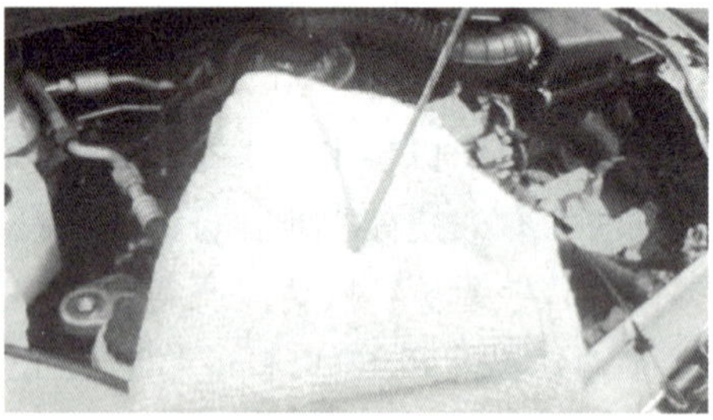	将车辆停在水平地面上,启动发动机。停止发动机后,等几分钟让机油流回到油底壳(这一步由老师上课前做好)。拔出机油尺,用布把机油尺擦干净,再把擦干净的机油尺完全插进去,然后缓慢拔出,检查机油液位。
4		拆卸机油加注口盖,并用干净抹布铺在机油加注口盖上,以防灰尘进入。
5		举升车辆至合适高度。(注意:举升机的正确操作流程及注意事项)

序号	图示	作业流程
6	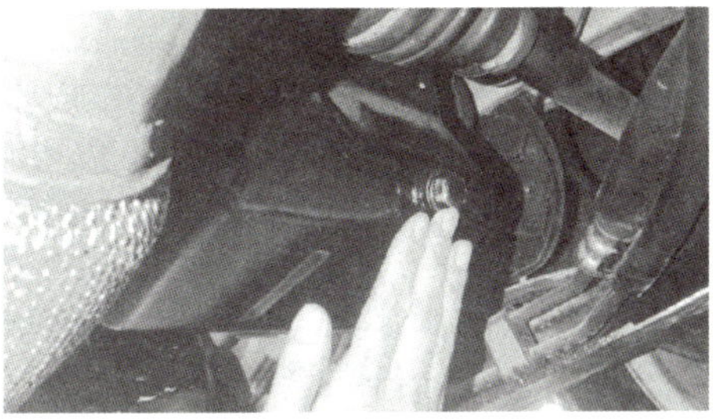	检查发动机放油螺栓和机油滤清器处是否存在漏油现象。
7	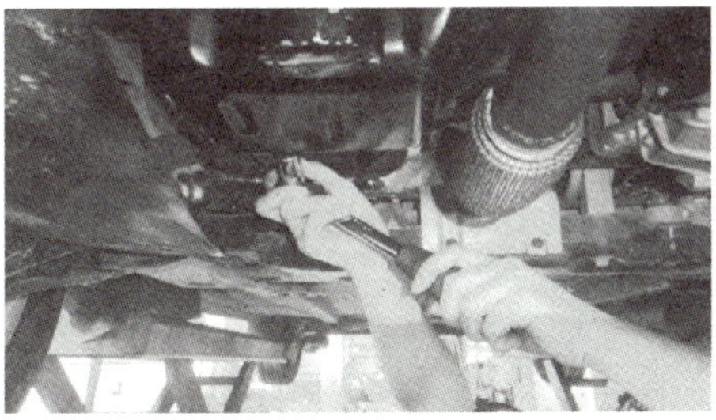	把接油机推至车下油底壳处,用合适的套筒扳手拆下油底壳的放油螺栓。(注意:为了防止热车后的机油温度过高将手烫伤,拧松放油螺栓后用力按压放油螺栓继续旋转,完全松开后,猛然将螺栓抽出,机油才不会流到手上而是呈抛物线状排出到较远处,所以接油机放置位置也要注意)
8		将废机油排放到接油机内。
9		机油排放完毕后,更换新的垫片或密封圈,擦干净放油螺栓后,将放油螺栓装回原位。开始的时候用手拧到拧不动为止,再用预置式扭力扳手紧固到规定力矩。(注意:各车型力矩大小不一,具体参数请参见相关车型维修手册)
10		更换新的机油滤清器。利用机油滤清器扳手拆卸机油滤清器。

续表

机油更换
视频

序号	图示	作业流程
11		检查并清洁机油滤清器座,在新的机油滤清器的"O"形环表面上涂抹新的机油并装复。用手把新的机油滤清器拧在机油滤清器座上,直到滤油器"O"形环与安装表面接触,再用机油滤清器扳手把滤清器拧紧3/4~1圈。
12		将车辆降至合适位置,从发动机机油加注口注入车辆制造商规定黏度的汽油发动机机油,直至油位达到机油标尺上的符合标记即可停止加注,旋好加注口盖。
13		机油加注完毕后,启动发动机,并认真检查放油螺栓周围和机油滤清器的安装面是否存在漏油现象。
14		保持发动机运转2~3 min使发动机机油循环至各部位后关闭发动机,放置2~3 min,油面稳定后,检查机油液位对油量进行最终确定。将举升机降至最低位置,并将举升垫块及延长臂复位。清洁整理工具、设备、场地。

【任务实施】

任务名称			
班　级		姓　名	
地　点		日　期	
成　员			

一、任务准备

1.设备准备
长安悦翔汽车、举升机、接油机等。
2.工量具准备
机油滤清器套筒、预置式扭力扳手、棘轮扳手、套筒等。

二、过程记录

活动名称		任务要点记录	使用资源记录	本人角色
机油及机油滤清器的更换	1.换油前检查准备作业			□安全员 □操作员 □记录员 □观察员
	2.更换机油及机油滤清器			□安全员 □操作员 □记录员 □观察员
	3.换油后检查整理作业			□安全员 □操作员 □记录员 □观察员

【评价与考核】

序号	作业项目	考核内容	评分标准	配分	扣分
1	作业安全职业操守	能进行工位 7S 操作	□整理、整顿(0.5 分) □清理、清洁(1 分) □素养、节约(0.5 分) □安全(1 分)	3	
		能进行设备和工具安全检查	□检查作业所需要的工具设备是否完备(1 分) □检查作业环境是否配备灭火器(1 分) □检查举升机举升情况是否正常(1 分)	3	
		能进行车辆安全防护操作	□正确安装车辆翼子板布(1 分) □正确安装车内三件套(1 分) □正确安装车轮挡块(1 分)	3	
		能进行工具清洁校准存放操作	□使用工具后对工具量具进行清洁(1 分) □作业完成后对工具进行清洁复位(2 分)	3	
		能进行三不落地操作	□作业过程做到油液不落地(1 分) □作业过程做到水液不落地(1 分) □作业过程做到工具不落地(1 分)	3	
2	换油前检查准备作业	安装座椅套、方向盘套和地板垫	□正确安装,不漏装(1 分) □座椅套安装服帖(1 分)	2	
		安装翼子板布和前格栅布	□正确安装,不漏装	2	
		检查发动机机油液位	□观察前清洁尺身(2 分) □正确观察机油尺(2 分)	4	
		拆下机油加注口盖	□开盖前清洁(1 分) □开盖后清洁加注口(1 分) □正确遮盖加注口(1 分)	3	
		举升汽车	□检查举升垫块安装位置(1 分) □正确安装举升垫块(1 分) □进行车身稳定性检查(1 分) □举升过程中随时注意观察(1 分)	4	

续表

序号	作业项目	考核内容	评分标准	配分	扣分
3	更换机油及机油滤清器	检查发动机放油螺栓和机油滤清器有无泄漏	□手摸检查放油螺栓(1分) □手摸检查机油滤清器(1分)	2	
		拆下发动机放油螺栓,排放机油	□机油未喷洒到手上(5分) □机油准确流到接油盘(5分)	10	
		安装发动机放油螺栓	□正确查找放油塞拧紧力矩(2分) □观察并记录机油型号和级别(2分) □清洁放油螺栓(2分) □放油螺栓涂抹机油(2分) □放油螺栓安装后清洁(2分)	10	
		更换新的机油滤清器	□正确拆卸机油滤清器(3分) □机油滤清器密封圈涂抹新机油(2分) □清洁检查机油滤清器座再安装(2分) □正确拧紧机油滤清器(3分)	10	
		降下汽车至合适位置	□未时接上尾排管	1	
		加注新机油	□油未流到口外,如有少量及时清洁(2分) □盖前清洁(1分) □检查机油液面(2分)	4	
		启动发动机及时观察机油有无泄漏	□启动发动机(1分) □观察机油滤清器泄漏(1分)	2	
4	换油后检查整理作业	降下举升机至最低位置	□收回举升垫块及延长臂	1	
		检查机油液位	□检查方法正确(1分) □油位不足需添加(1分) □机油加注不过多(1分)	3	

续表

序号	作业项目	考核内容	评分标准	配分	扣分
4	换油后检查整理作业	拆卸翼子板布和前格栅布	□全部拆卸完	2	
		拆卸座椅套、方向盘套、地板垫	□全部拆卸完	2	
		清洁整理工具、设备、场地	□清洁整理好所有工具(3分) □清洁整理好设备(2分)	5	
5	信息录入资料应用资讯检索	能正确使用维修手册查询资料	□查询机油容量(0.5分) □查询机油型号(0.5分) □查询放油螺栓扭矩规格(0.5分) □查询机油滤清器扭矩规格(0.5分)	2	
		能正确使用用户手册查询资料	□查询机油更换周期(1分) □查询机油滤清器更换周期(1分)	2	
		能在规定时间内查询所需资料	□能在规定时间内查询所需资料	1	
		能正确记录所需维修信息	□能正确记录所需维修信息	2	
6	工具及设备的使用能力	岗位所需工具设备的使用能力	□能正确选用维修工具(2分) □能正确使用维修工具拆装(2分) □能正确使用预置式扭力扳手(2分) □能正确使用机油收集装置(2分) □能正确使用滤清器拆装工具(1分) □能正确使用举升机(1分)	10	
合计				100	

【实训报告单】

实训报告单					
科目		班级		学生姓名	
实训项目					
实训任务					
实训器材					
实训内容					
体会或建议					
实训结果	自评_____		互评_____		师评_____

指导教师_____　　　　　　_____年____月____日

【作业】

一、填空题

1.发动机机油的作用有_____、密封、_____、清洗、防锈。

2.发动机机油按 API(美国石油协会)的机油质量分类法分为两类:"S"开头系列代表_____用油,"C"开头系列代表_____用油。

3.在大多数汽车品牌的官方保养手册中,都会有两个更换机油的条件,一个是_____,一个是_____,以先到为准。

4.用_____检查机油量是唯一准确、可靠的方法。

5.SAE 后边的标号标明机油的_____,而 API 后边的标号则标明机油的_____。

二、选择题

1.发动机机油的黏度是随温度变化的,温度升高,黏度(　　　)。

    A.变大　　　　　　B.变小　　　　　　C.不变　　　　　　D.不确定

2.冬季用油按低温黏度、低温泵送性划分,共有6个等级。级号越小,其低温黏度(　　　),低温流动性(　　　),适应的温度也(　　　)。

    A.越小　　　　　　B.越好　　　　　　C.越低　　　　　　D.越大

3.非冬季用油的级号越大,黏度越大,适应温度(　　　)。

    A.越小　　　　　　B.越好　　　　　　C.越高　　　　　　D.越低

4.下列不属于机油分类的是(　　　)。

    A.矿物油　　　　　B.非矿物油　　　　C.半合成油　　　　D.全合成油

5.下列不是发动机机油过多造成的影响是(　　　)。

    A.油耗增加、机件磨损　　　　　　　　B.机油压力过大

    C.节气门、气门及发动机积碳　　　　　D.发动机温度过高

三、思维拓展

怎样正确选择发动机机油?

项目八 | 制动系统部件检查保养

【项目描述】

张女士的长安悦翔汽车在正常行驶时,踩下制动踏板时发现制动力过低,减速不明显,制动距离明显过长,送 4S 店检查后发现制动管路中渗入空气,需要将空气排出。

本项目的主要任务就是对制动系统进行检修,由制动系统的常规检查和制动液更换两个任务组成。

【项目内容】

任务名称	主要内容
制动系统的常规检查	1.汽车制动系统的基本组成; 2.制动踏板行程的检查; 3.制动液液位及含水量的检测; 4.制动管路渗漏检查
制动液更换	1.制动液牌号与规格; 2.常规制动液更换流程; 3.制动管路的排气与清洗

【项目目标】

1.能理解制动系统的基本组成。

2.会使用汽车底盘常用工具检查制动踏板行程。

3.会采用目测法和检测工具进行制动液液位和含水量检测。

4.能正确选择制动液的类型,并能按正确流程加注制动液到适当的液位,按厂家规格使用适当的类型更换制动液。

5.能完成制动管路的排气和冲洗。

6.会使用工具正确拆装制动主缸,能检查主缸外部是否泄漏。

7.能检查从进气歧管或辅助泵到真空式助力器的真空供应情况。

8.会使用工具正确拆装盘式制动器,能清理、检查制动盘,并能判断是否需要修复或更换。

9.在操作过程中,培养学生常备不懈的安全操作意识,踏实、肯干、肯钻研的工作态度和良好的岗位职责意识。

10.培养学生的环保意识,让他们能做好制动液回收,能对实训后的垃圾进行合理分类。

【知识储备】

一、制动系统的常规检查

1.汽车制动系统的基本组成

汽车制动系统主要由供能装置、控制装置、传动装置和制动器组成。以行车制动系统为例(如图8-1所示),供能装置主要指人力和真空助力装置;控制装置指制动踏板;传动装置主要由制动主缸、制动轮缸、制动管路构成;制动器主要有盘式制动器和鼓式制动器。

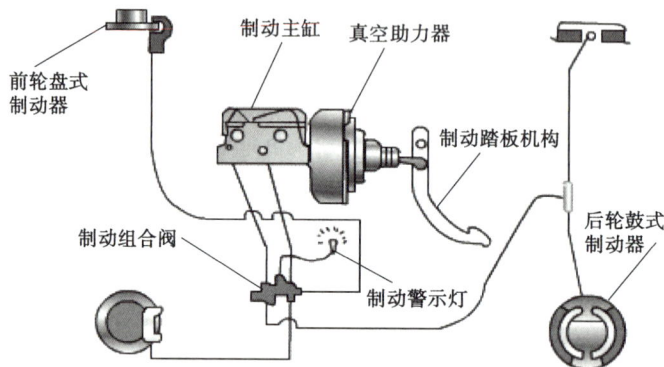

图 8-1

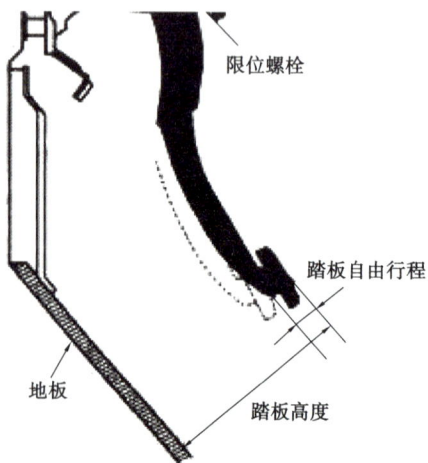

图 8-2

2.制动踏板行程检查

制动踏板行程检查主要是踏板的自由行程检查。制动踏板的自由行程是指踏板从初始状态到产生制动力所移动的距离(如图8-2所示)。自由行程值影响汽车制动和撤销制动。自由行程过大,容易造成制动不良;自由行程过小,容易造成制动拖滞。

踏板自由行程测量方法如下:

序号	图示	作业流程
1	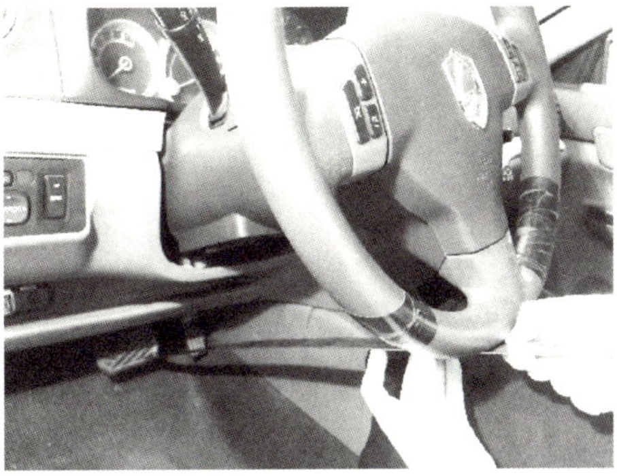	在制动踏板处于放松位置时,用钢尺测量踏板端面到转向盘轮圈外缘处的距离(H_1)。
2		用脚踩下制动踏板至感到有阻力位置,用钢尺测量此时踏板端面到转向盘轮圈外缘处的距离(H_2)。
3	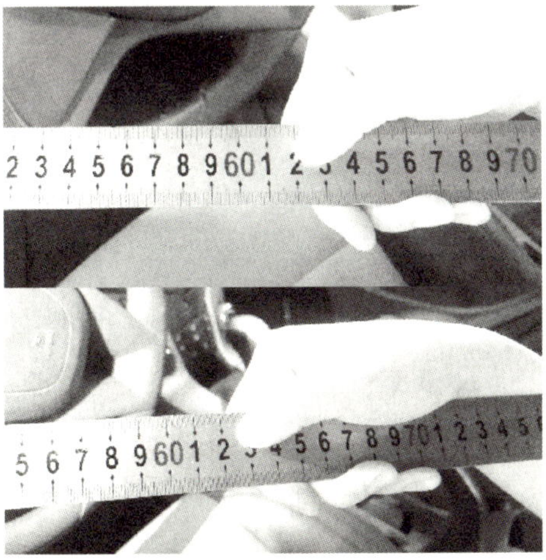	两次测量距离之差(H_1-H_2)为制动踏板的自由行程,比较此数值是否在规定数值内。

3.制动液检查

制动液检查包括制动液液位检查、制动液含水量检查和制动管路是否渗漏的检查。检查方法如下:

序号	图示	作业流程
1	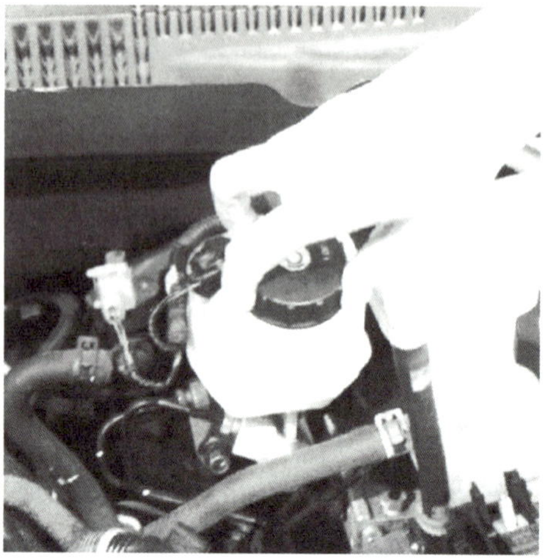	打开汽车发动机舱盖,找到制动液储液罐。
2		检查制动液页面是否位于储液罐 Max 与 Min 标记线之间。如果大于 Max 线,则表示加注过多;若小于 Min 线,则检查制动系统是否发生渗漏并加注至合理范围。
3	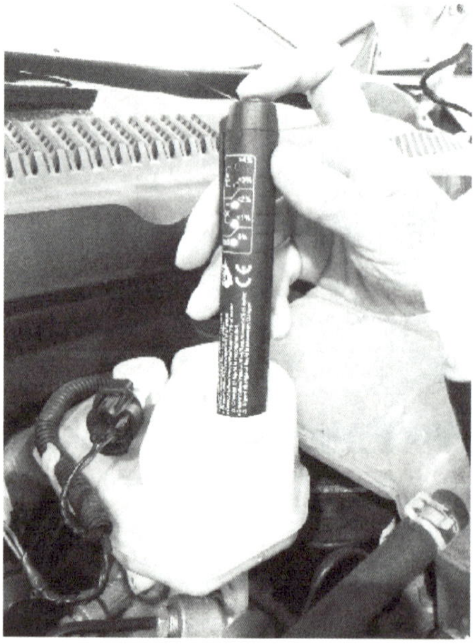	打开储液罐盖,将用于分析制动液含水量的快速探测笔伸入罐中。打开电源,观察笔上 LED 灯显示情况。(绿色、黄色表示可以继续使用,红色表示需更换)

续表

序号	图示	作业流程
4		检查储液罐周围是否有制动液渗漏。
5		轻踩几下制动踏板,检查制动主缸管路接口是否有制动液渗漏。若发生渗漏,需进行拆装检修。

二、制动液更换

1.制动液牌号选用

制动液按其原料、工艺和使用要求的不同,可分为醇型制动液、矿油型制动液和合成型制动液。其中合成制动液具有凝点低、沸点高、不易产生气阻、抗腐蚀等优点被广泛应用。

(1)国外制动液规格标准

常用的进口制动液型号以 DOT3、DOT4、DOT5 为主,如图 8-3 所示。其中,DOT 为美国汽车安全标准规定标称,其后数字越大,表示制动液沸点越高。

(2)国内制动液规格标准

根据国内标准《GB 12981—2014 机动车辆制动液》的规定,有 HZY3、HZY4、HZY5 三类质量指标,分别对应国际通用产品 DOT3、DOT4、DOT5 或 DOT5.1,如图 8-4 所示。

(3)制动液的选用

①不同品种牌号的制动液原则上不能混用,需按照厂家使用说明书中的推荐牌号加注或更换制动液。

②制动液应密封存放,避免吸收空气中的水分后沸点下降,并注意防火。

2.制动液更换流程

制动液含水量过高,或车辆行驶里程超过 50 000 km 时,应及时更换制动液。

更换制动液前,必须查询汽车厂家说明书或制动液盖上注明的牌号规格,尽量选用同品牌同型号制动液。

制动液加注可采用人工手动加注、手持式加注器加注和自动加注机加注三种方式。现以手持式加注器为例(如图 8-5 所示),制动液的更换流程如下。

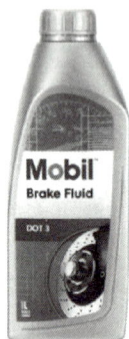

图 8-3

图 8-4

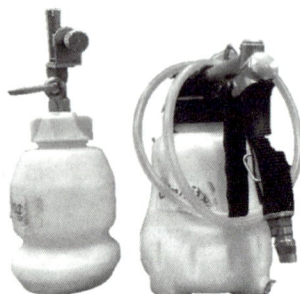

图 8-5

序号	图示	作业流程
1		打开发动机舱盖,检查制动液液位与含水量,方法同前。
2		取出手持加注器的抽油壶,接好进气管。
3		将抽油管插入储液壶内,打开进气阀门,抽取旧油。抽油完毕后,关闭进气阀,取出抽油管。

续表

序号	图示	作业流程
4	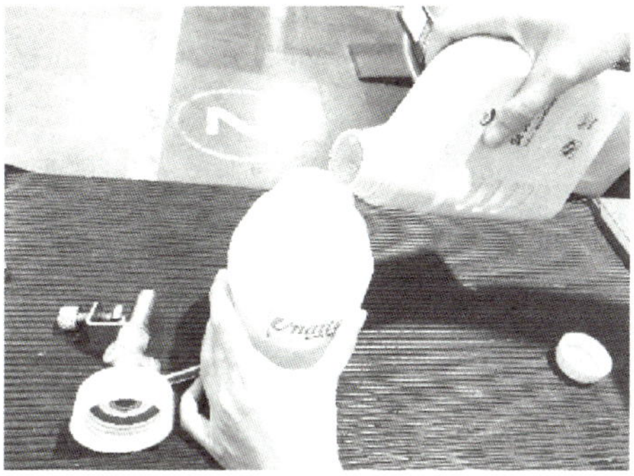	取出加油壶,将加油阀门拧至关闭状态,倒入新的制动液。(注意:制动液型号需与车型要求相符)
5	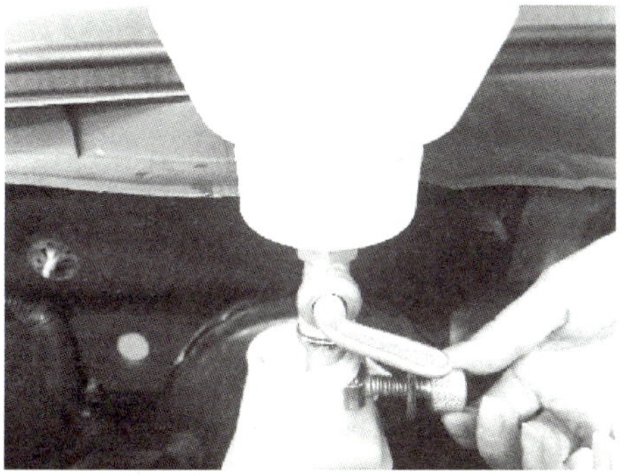	将加油壶固定在储油壶口,拧紧固定螺栓。
6	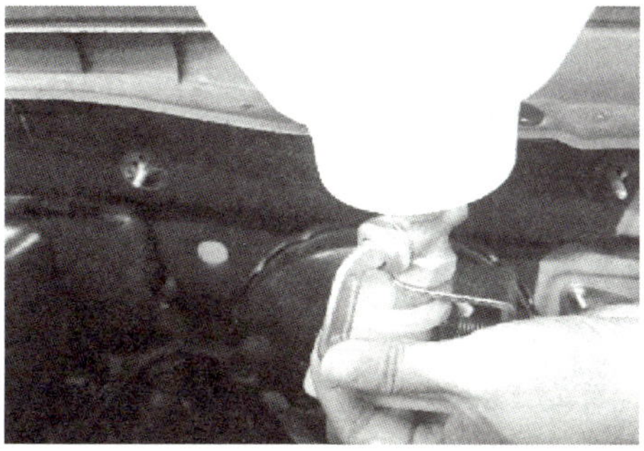	打开加油阀门,观察储油壶液位变化,确认达到液位且加油壶停止加油。
7		举升车辆至合适高度。

续表

序号	图示	作业流程
8		找到右后轮制动轮缸(分泵)放油螺栓,将抽油管套在螺栓放油孔上。
9		打开进气阀,拧松放油螺栓至有液体开始流出即可。观察油液流出情况,当旧油流完新油流出时,拧紧螺栓。
10		车上人员反复踩下制动踏板到底3~4次,然后保持踏板到底不松动。车下人员松开放油螺栓,待制动液喷出后重新拧紧,随后车上人员松开踏板。 以上操作反复数次直至喷出的制动液中无气泡,则表示排气完成。注意储液罐内的液面高度,要及时补充制动液以免空气进入。按照8~10的操作依照左后轮、右前轮、左前轮的顺序完成其余管路制动液的更换。

制动液更换视频

【任务实施】

任务名称			
班　级		姓　名	
地　点		日　期	
成　员			

一、任务准备

1.设备准备

实训车、举升机、手持制动液加注器等。

2.工量具准备

两用扳手、钢直尺、快速探测笔、制动液等。

二、过程记录

活动名称	任务要点记录	使用资源记录	本人角色
制动系统的常规检查			□安全员 □操作员 □记录员 □观察员
制动液更换			□安全员 □操作员 □记录员 □观察员

【评价与考核】

序号	作业项目	考核内容	评分标准	配分	扣分
1	作业安全职业操守	能进行工位 7S 操作	□整理、整顿(0.5 分) □清理、清洁(1 分) □素养、节约(0.5 分) □安全(1 分)	3	
		能进行设备和工具安全检查	□检查作业所需要的工具设备是否完备(1 分) □检查作业环境是否配备灭火器(1 分) □检查举升机举升情况是否正常(1 分)	3	
		能进行车辆安全防护操作	□正确安装车辆翼子板布(1 分) □正确安装车内三件套(1 分) □正确安装车轮挡块(1 分)	3	
		能进行工具清洁校准存放操作	□使用工具后对工具量具进行清洁(1 分) □作业完成后对工具进行清洁复位(2 分)	3	
		能进行三不落地操作	□作业过程做到油液不落地(1 分) □作业过程做到水液不落地(1 分) □作业过程做到工具不落地(1 分)	3	
		举升机汽车	□检查举升垫块安装位置(1 分) □正确安装举升垫块(2 分) □进行车身稳定性检查(2 分) □举升过程中随时注意观察(2 分) □举升高度正确(3 分)	10	

续表

序号	作业项目	考核内容	评分标准	配分	扣分
2	准备工作	安装座椅套、方向盘套和地板垫	□正确安装,不漏装(1分) □座椅套安装服帖(1分)	2	
		安装翼子板布和前格栅布	□正确安装,不漏装(2分)	2	
3	常规检查	制动踏板行程检查	□工具使用正确(1分) □测量位置正确(2分) □读数记录正确(2分) □结果计算正确(2分) □查阅手册正确(1分)	8	
		制动液液位检查	□准确找到储液罐(1分) □清理周边污渍(1分) □读取刻度线正确(2分)	4	
		制动液含水量检查	□工具使用正确(2分) □读取 LED 结果正确(2分)	4	
		管路渗漏检查	□检查方式正确(1分) □检查部位正确(1分)	2	
4	制动液更换	抽取储液壶旧油	□抽油壶接管正确(2分) □抽取方式正确(2分) □油液不洒落、不渗漏(1分)	5	
		加注新油	□制动液型号正确(1分) □拧开加油壶方式正确(2分) □倒油入壶时阀门关闭(3分) □固定加油壶正确(2分) □打开阀门加注制动液(2分)	10	
		更换各管路制动液	□车辆举升位置正确(1分) □管路更换顺序正确(5分) □放油螺栓上安装抽油管(2分) □正确使用工具拧松放油螺栓(2分) □抽油操作正确(1分) □排气操作正确(4分)	15	

续表

序号	作业项目	考核内容	评分标准	配分	扣分
5	信息录入资料应用资讯检索	能正确使用维修手册查询资料	□查询制动踏板自由行程	2	
		能正确使用用户手册查询资料	□查询制动液型号	2	
		能在规定时间内查询所需资料	□能在规定时间内查询所需资料	1	
		能正确记录所需维修信息	□能正确记录所需维修信息	2	
6	工具及设备的使用能力	岗位所需工具设备的使用能力	□能正确选用维修工具(2分) □能正确使用维修工具拆装(2分) □能正确使用制动液加注器(2分) □能正确使用快速探测笔(2分) □能正确使用举升机(2分)	10	
合计				100	

【实训报告单】

<table>
<tr><td colspan="6" align="center">实训报告单</td></tr>
<tr><td align="center">科目</td><td></td><td align="center">班级</td><td></td><td align="center">学生姓名</td><td></td></tr>
<tr><td>实训项目</td><td colspan="5"></td></tr>
<tr><td>实训任务</td><td colspan="5"></td></tr>
<tr><td>实训器材</td><td colspan="5"></td></tr>
<tr><td>实训内容</td><td colspan="5"></td></tr>
<tr><td>体会或建议</td><td colspan="5"></td></tr>
<tr><td>实训结果</td><td colspan="5">自评_____ 互评_____ 师评_____</td></tr>
</table>

指导教师_____ _____年___月___日

【作业】

一、填空题

1.汽车制动系统主要由供能装置、_____、_____和制动器组成。

2.制动器主要有_____制动器和_____制动器。

3.制动踏板的检查主要是指_____的检查。

4.制动液检查包括_____检查、_____检查和制动管路是否渗漏的检查。

5.制动液加注可采用_____加注、_____加注和_____加注3种方式。

二、选择题

1.下列属于测量制动踏板自由行程使用的工具是(　　)。

　A.游标卡尺　　　　　　　　　　B.钢直尺

　C.塞尺　　　　　　　　　　　　D.千分尺

2.检查制动液液位时,需判断液位是否位于储液罐(　　)。

　A.Max 与 Min 之间　　　　　　B.Max 以上

　C.Min 以下　　　　　　　　　　D.顶端

3.国内制动液 HZY4 质量指标,对应国际通用产品(　　)。

　A.DOT3　　　　　　　　　　　B.DOT4

　C.DOT5　　　　　　　　　　　D.DOT6

4.下列关于制动液的说法,不正确的是(　　)。

　A.制动液应密封存放

　B.制动液吸收空气中的水分后沸点会下降

　C.需按照厂家使用说明书中的推荐牌号加注或更换制动液

　D.不同品种牌号的制动液原则上可以混用

5.利用快速探测笔检查制动液含水量时,表笔 LED 灯显示为(　　)时,需更换制动液。

　A.红色　　　　　　　　　　　　B.黄色

　C.绿色　　　　　　　　　　　　D.先绿色后黄色

三、思维拓展

更换制动液时,为什么需要车上人员配合踩制动踏板?车上人员与车下人员应该怎样配合?

项目九｜汽车变速箱油更换

【项目描述】

  汽车的变速箱系统是汽车动力传动的重要组成部分,变速器属于精密传动部件,对清洁、润滑要求高,因此变速箱油的质量对变速器的工作性能有很大影响。驾驶员如果发现变速器出现换挡不顺畅,有顿挫、拖挡现象,除了与变速器机械传动件有关以外,与变速箱油也有关系,因此,需要定期对变速箱油进行检查和更换。手动变速箱的齿轮油更换周期一般较长,而自动变速箱的工作油液(ATF)需要定期检查更换,因此本项目主要讲解自动变速箱油更换。

【项目内容】

任务名称	主要内容
自动变速箱油更换	1.ATF 的选用要求; 2.ATF 清洗更换机的使用

【项目目标】

  1.能检查变速器外壳、油封、垫片和衬套的泄漏情况,能检查有配备油尺的自动变速器的液位。

  2.会识别变速箱油液型号,能选用符合厂家要求的变速箱油液。

  3.能检查手动变速器油液油质,对手动变速箱件的油液进行排放和加注。

  4.能正确使用 ATF 清洗更换机,完成自动变速箱油液的排放及更换,并更换滤芯器。

  5.在操作过程中,培养学生常备不懈的安全操作意识,踏实、肯干、肯钻研的工作态度和良好的岗位职责意识。

  6.培养学生的环保意识,能做好工作液回收,能对实训后的垃圾进行合理分类。

【知识储备】

一、自动变速箱油的选用

自动变速箱油简称 ATF（图 9-1），是指专用于自动变速器（AT）和无级变速器（CVT）的工作油，集液力传动、液压控制、润滑等功能于一体的特殊工作油液。

ATF 的更换周期一般在 48 000 km 左右，部分轿车可到 96 000 km 更换。ATF 的选择一般按照车辆使用说明书的规定，不要选择厂家推荐以外的品种，以免因油质不同损坏自动变速器。常见的型号有 DEXRON-Ⅱ、DEXRON-Ⅲ、DEXRON-Ⅳ和 MERCON、MERCON-V 等。

二、ATF 清洗更换机的使用

ATF 更换方法有人工重力换油法和机器循环换油法，其中机器换油率可达 90%。机器换油法需要利用 ATF 清洗更换机，下面以 ATF-200T 型为例（图 9-2），讲解自动变速器 ATF 清洗更换流程。

图 9-1

图 9-2

序号	图示	作业流程
1		整理工位后，将车辆举升到车轮离地 20 cm，挂 P 挡，踩住刹车，启动车辆。

续表

序号	图示	作业流程
2	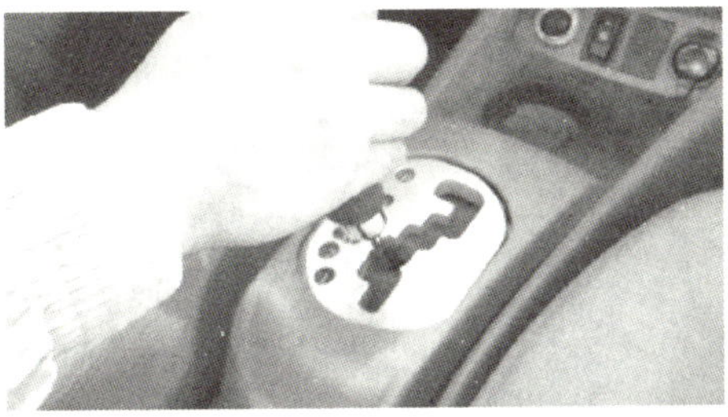	为使油温达到一定的工作温度,根据变速器挡位排布顺序依次进行挡位切换,每个挡位停留 5~10 s,然后熄火车辆。
3	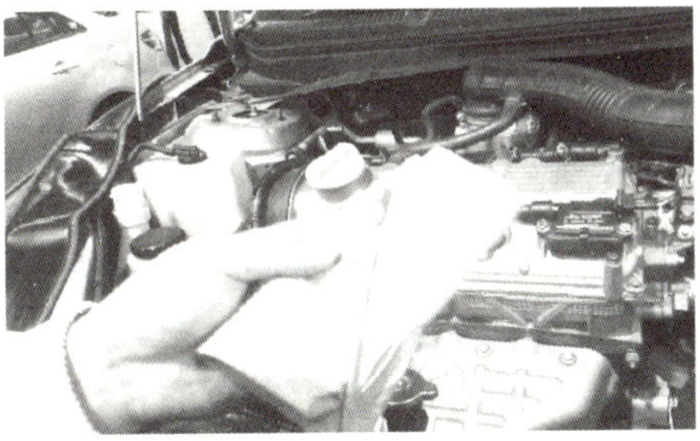	观察变速器是否配有油尺。拔出油尺,检查液位与油质。
4	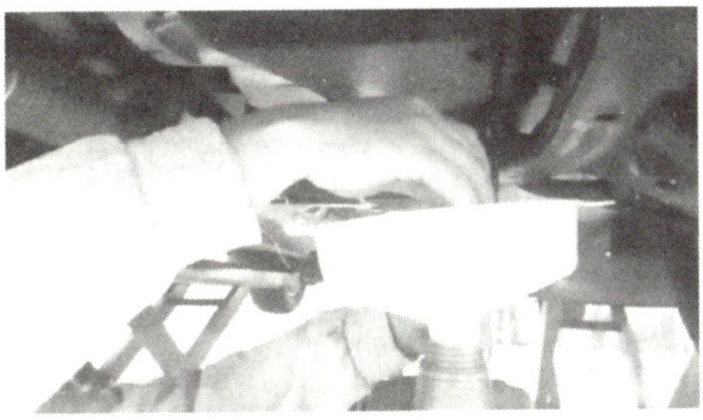	举升车辆至一定高度,检查变速器油底壳周围是否有漏油现象,然后用工具取下放油螺栓,放出 ATF。
5		检查放油口与螺栓螺纹,复位后打上对应的扭力。
6	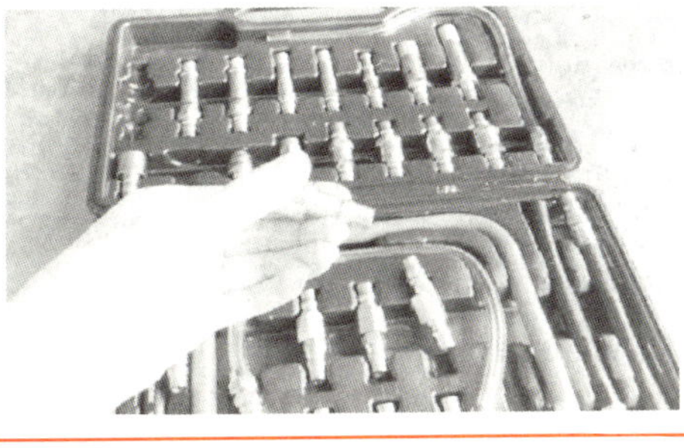	取下散热器与变速器的其中一根接管,判断哪一端管口为出油口。在 ATF 更换机自带的工具箱中找出合适的接头用于连接。

续表

序号	图示	作业流程
7		将出油口与机器的回油管连接，另一端与机器的排油管连接，并将管路上的阀门旋到"ON"。
8	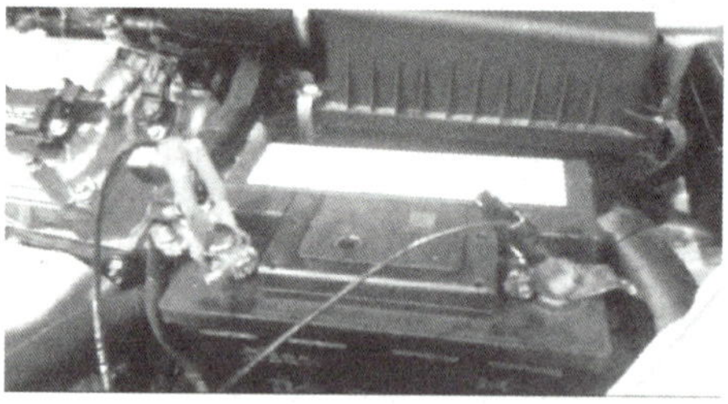	将车辆降至离地20 cm位置，按照先正后负的顺序，将ATF更换机的电源线连接到车载蓄电池上。
9		选择符合车型自动变速器要求的新ATF，从加注口加入。
10		将操作面板上的左右阀门置于"换油"位置。
11	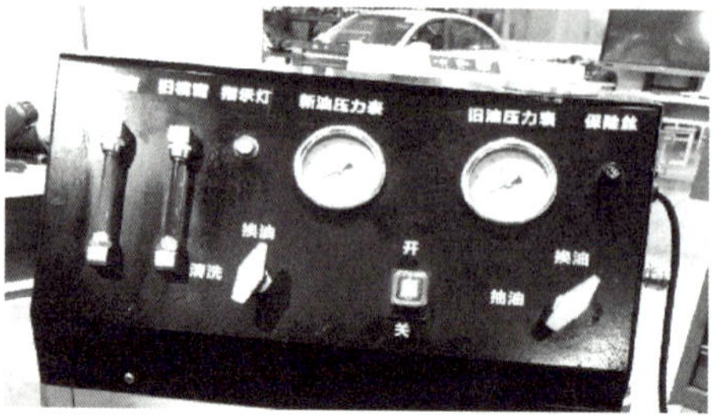	打开开关，启动机器，观察新旧视窗油液的颜色和流动情况及新旧油压力表的显示情况。

续表

序号	图示	作业流程
12		启动车辆,与变速器预热方式一样进行挡位切换,每个挡位停留 5~10 s,然后熄火车辆。
13		机器新旧视窗油液颜色一致时,更换完成,关闭机器。
14		拔出油尺,复查油位,确认油量充足,ATF 更换结束。

自动变
速器油的
更换视频

【任务实施】

任务名称			
班　级		姓　名	
地　点		日　期	
成　员			

一、任务准备

1.设备准备
举升机、ATF 更换机、实训车等。
2.工量具准备
车辆四件套、32 件套、扭力扳手、起子、抱箍、ATF、空油壶、PVC 手套、毛巾、纸巾、敞口漏斗、拖把、维修手册等。

二、过程记录

活动名称	任务要点记录	使用资源记录	本人角色
家用轿车 ATF 更换			□安全员 □操作员 □记录员 □观察员

【评价与考核】

序号	作业项目	考核内容	评分标准	配分	扣分
1	作业安全职业操守	能进行工位 7S 操作	□整理、整顿(0.5分) □清理、清洁(1分) □素养、节约(0.5分) □安全(1分)	3	
		能进行设备和工具安全检查	□检查作业所需要的工具设备是否完备(1分) □检查作业环境是否配备灭火器(1分) □检查举升机举升情况是否正常(1分)	3	
		能进行车辆安全防护操作	□正确安装车辆翼子板布(1分) □正确安装车内三件套(1分) □正确安装车轮挡块(1分)	3	
		能进行工具清洁校准存放操作	□使用工具后对工具量具进行清洁(1分) □作业完成后对工具进行清洁复位(2分)	3	
		能进行三不落地操作	□作业过程做到油液不落地(1分) □作业过程做到水液不落地(1分) □作业过程做到工具不落地(1分)	3	
		举升机汽车	□检查举升垫块安装位置(1分) □正确安装举升垫块(2分) □进行车身稳定性检查(2分) □举升过程中随时注意观察(2分) □举升高度正确(3分)	10	

续表

序号	作业项目	考核内容	评分标准	配分	扣分
2	更换前准备工作	安装座椅套、方向盘套和地板垫	□正确安装,不漏装((1分) □座椅套安装服帖(1分)	2	
		安装翼子板布和前格栅布	□正确安装,不漏装(2分)	2	
		启动车辆,切换挡位预热	□按正确操作顺序启动车辆(2分) □依次进行挡位切换(2分) □每挡停留时间5~10 s(2分)	6	
		变速器油位与油质检查	□观察前清洁尺身(2分) □正确观察油尺(2分)	4	
		检查壳体密封情况	□正确佩戴手套(2分) □充分检查部位(2分)	4	
3	更换ATF	拆下放油螺栓,放出ATF	□工具使用正确(1分) □油液及时回收(1分) □清理放油螺栓(1分) □装复扭力正确(2分) □清理周边油污(1分)	6	
		连接ATF	□接口选用正确(1分) □管路连接正确(2分) □管路阀门旋转到打开位置(1分) □电源连接正确(2分) □ATF加注量正确(1分) □阀门选择正确(1分)	8	
		启动更换	□观察新旧油视窗(1分) □观察新旧油压力表(1分) □启动车辆,正确进行挡位切换(6分) □安全熄火(2分)	10	

续表

序号	作业项目	考核内容	评分标准	配分	扣分
4	检查整理作业	降下举升机至最低位置	□收回举升垫块及延长臂	2	
		检查机油液位	□检查方法正确(1分) □油位不足需添加(1分) □机油加注不过多(1分)	3	
		拆卸翼子板布和前格栅布	□全部拆卸完	2	
		拆卸座椅套、方向盘套、地板垫	□全部拆卸完	2	
		清洁整理工具、设备、场地	□清洁整理好所有工具(3分) □清洁整理好设备(2分)	5	
5	信息录入资料应用资讯检索	能正确使用维修手册查询资料	□查询放油螺栓扭矩规格	2	
		能正确使用用户手册查询资料	□查询ATF容量(1分) □查询ATF型号(1分) □查询ATF更换周期(1分)	3	
		能在规定时间内查询所需资料	□能在规定时间内查询所需资料	2	
		能正确记录所需维修信息	□能正确记录所需维修信息	2	
6	工具及设备的使用	岗位所需工具设备的使用能力	□能正确选用维修工具(2分) □能正确使用维修工具进行拆装(2分) □能正确使用预置式扭力扳手(2分) □能正确使用油液收集装置(2分) □能正确使用举升机(2分)	10	
合计				100	

【实训报告单】

实训报告单					
科目		班级		学生姓名	
实训项目					
实训任务					
实训器材					
实训内容					
体会或建议					
实训结果	自评＿＿＿＿＿＿＿		互评＿＿＿＿＿＿＿		师评＿＿＿＿＿＿＿

指导教师＿＿＿＿＿＿＿＿＿＿＿＿＿＿　　　　＿＿＿＿年＿＿月＿＿日

【作业】

一、填空题

1.ATF 是_____的简称。

2.常用的换油方式有_____和_____。

3.ATF 的更换周期一般在_____ km 左右,部分轿车可以达到 98 000 km。

4.ATF 是集_____、_____、润滑等功能于一体的特殊工作油液。

二、选择题

1.下列不属于常用 ATF 型号的是(　　　　)。

　A.DEXRON-Ⅱ　　　　　　　　　　B.DEXRON-Ⅲ

　C.MERCON-V　　　　　　　　　　D.85W/90

2.使用机器换油可以达到(　　　)换油率。

　A.60%　　　　　　　　　　　　　B.90%

　C.40%　　　　　　　　　　　　　D.100%

3.在检查变速器油位前,需要启动车辆的原因是(　　　　)。

　A.预热发动机

　B.使机油达到一定温度

　C.使变速器油达到一定温度

　D.给蓄电池充电

三、思维拓展

总结 ATF 更换中的注意事项。

项目十丨汽车备胎更换与轮胎换位

【项目描述】

刘先生在正常开车上班途中，左后轮胎突然爆胎，刘先生靠边停车，打电话给保险公司请求道路救援。保险公司工作人员到场后将备胎换上，让刘先生尽快将车开到4S店进行维修。本项目主要由汽车备胎更换和汽车轮胎换位两个任务组成。

【项目内容】

任务名称	主要内容
汽车备胎更换	1.认识车辆随车工具； 2.利用随车工具进行备胎更换
汽车轮胎换位	1.常用的轮胎换位法； 2.轮胎换位工作流程

【项目目标】

1.能快速清点车辆随车工具。

2.能使用千斤顶等随车工具完成备胎更换。

3.能检查轮胎和车轮总成是否漏气、胎面花纹磨损程度、轮胎尺寸，并调整胎压。

4.能描述并理解常用的轮胎换位法。

5.能根据厂家的建议选择合适的轮胎换位法，并按照正确流程完成轮胎换位。

6.操作过程中，培养学生常备不懈的安全操作意识，良好的岗位职责意识。

7.培养学生的环保意识，能做好旧胎回收，能对实训后的垃圾进行合理分类。

【知识储备】

一、汽车备胎更换

1.车辆随车工具

为了进行备胎更换等应急处理,汽车上都会配备随车工具。常用的随车工具有三角警示牌、千斤顶、千斤顶摇把、轮胎扳手以及拖车钩等,如图 10-1(a) 所示。有些配置较高的车辆还备有跨接线、灭火器、充气泵、拖车绳、发光背心等应急设备,如图 10-1(b) 所示。

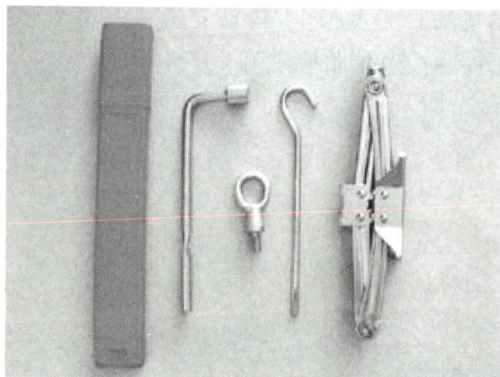

（a）   （b）

图 10-1

2.车辆备胎更换流程

本项目主要介绍利用车辆随车工具完成备胎更换,具体操作流程如下:

序号	图示	作业流程
1	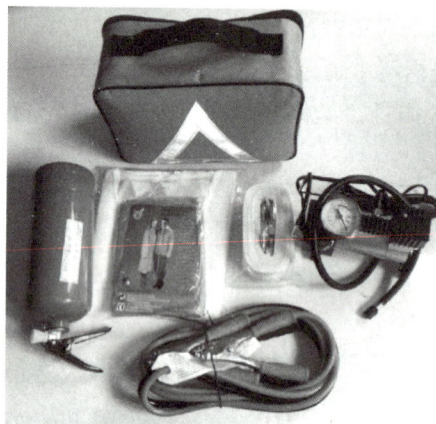	将发动机熄火,拉起手刹,打开应急灯开关。

续表

序号	图示	作业流程
2		放置三角警示牌。 (普通单向道路道路警示牌放在车后 50 m,高速公路至少 150 m)
3	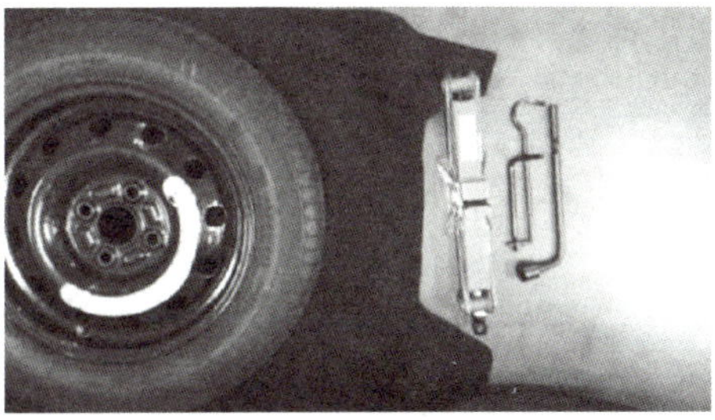	检查随车工具是否齐全。
4		预松轮胎螺栓,采用对角线的方式。
5		确认支撑点位置,将千斤顶放置在下方。
6	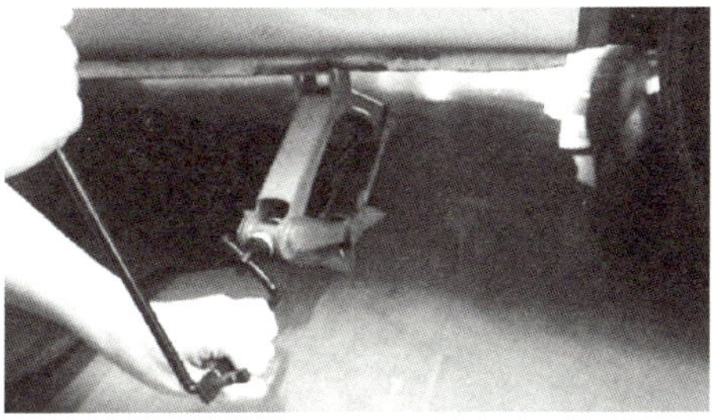	撑起车身至轮胎离地。

续表

序号	图示	作业流程
7		取下轮胎螺栓,取出轮胎垫于车底,并将轮毂朝下。
8		换上备胎,拧紧螺栓。
9		降下千斤顶,将轮胎螺栓按对角线的顺序分两次拧紧。
10		取回三角警示牌,收回换下的轮胎、千斤顶及随车工具。

汽车备胎
的更换视频

二、汽车轮胎换位

1.常用的轮胎换位法

为保障汽车轮胎磨损均匀,提高轮胎使用寿命,一般车辆行驶 8 000~10 000 km 时需要进行一次轮胎换位。

常用的轮胎换位方式主要有交叉换位和循环换位,如图 10-2 所示。对于子午线轮胎,一般采用前后循环换位;对于配有全尺寸备胎的车辆,可将备胎加入换位。

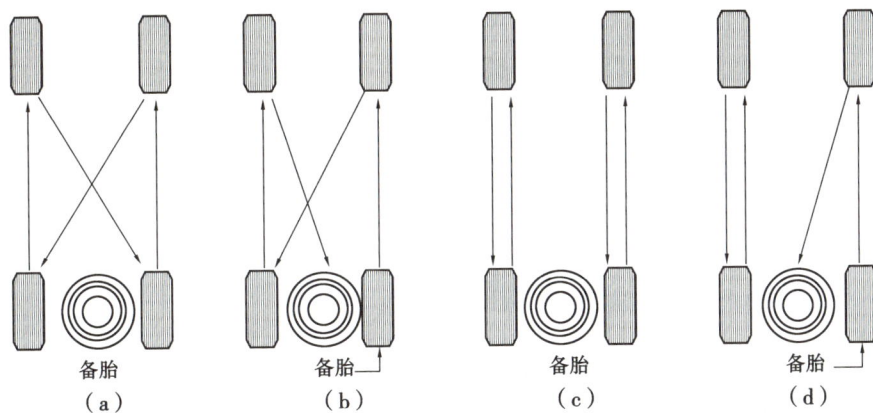

图 10-2

2.轮胎换位流程

序号	图示	作业流程
1		车辆停放于举升机工位,安装车轮挡块。
2		用指针式扭力扳手预松轮胎螺栓。
3		举升车辆至轮胎中心与胸口平齐的位置,锁止举升机。

续表

序号	图示	作业流程
4		依次对角松动轮胎螺栓,分两次松动。
5		螺栓松动后,手动取出,扶住轮胎,防止掉落。
6		取下轮胎。
7		目视检查轮胎是否有裂纹和损坏、是否嵌入金属颗粒或其他异物,若有异物应将异物取出。
8		目视检查轮胎是否有异常磨损。

续表

序号	图示	作业流程
9		目视检查车轮轮辋是否有损坏或腐蚀。
10		用胎纹规检查轮胎花纹深度。
11		用胎压表检查轮胎气压。
12		用前后循环换位法完成轮胎换位安装,将轮胎螺栓拧紧。
13		将车辆降下,用预置式扭力扳手将所有轮胎螺栓拧紧至规定力矩。

汽车轮胎
换位视频

【任务实施】

任务名称			
班　级		姓　名	
地　点		日　期	
成　员			

一、任务准备

1.设备准备

长安悦翔汽车、举升机等。

2.工量具准备

指针式扭力扳手、预置式扭力扳、套筒、短接杆、随车千斤顶、弯把轮胎扳手、三角反光警示牌等。

二、过程记录

活动名称		任务要点记录	使用资源记录	本人角色
汽车备胎更换与轮胎换位	1.汽车备胎更换			□安全员 □操作员 □记录员 □观察员
	2.汽车轮胎换位			□安全员 □操作员 □记录员 □观察员

【评价与考核】

序号	作业项目	考核内容	评分标准	配分	扣分
1	作业安全职业操守	能进行工位7S操作	□整理、整顿(1分) □清理、清洁(1分) □素养、节约(1分) □安全(1分)	4	
		能进行设备和工具安全检查	□检查作业所需要的工具设备是否完备(1分) □检查作业环境是否配备灭火器(1分) □检查设备用电情况是否正常(1分)	3	
		能进行工具清洁、校准、存放操作	□使用工具前对工具量具进行校准(1分) □使用工具后对工具量具进行清洁(1分) □作业完成后对工具进行复位(1分)	3	
2	汽车备胎更换	前期准备	□正确熄火,拉紧手刹,并打开应急灯(4分) □下车前观察道路安全情况(4分) □正确安放三角警示牌(4分) □安全警示标志启用后才能拿出工具(4分)	16	
		拆装轮胎	□预松螺栓(4分) □正确选择千斤顶顶起位置(4分) □轮胎垫于车底,并且轮毂朝向正确(4分) □拆卸轮胎螺栓是否对角(4分)	16	
		安装备胎	□对角紧固螺栓,两次拧紧(3分) □平稳放下千斤顶,第三次紧固螺栓(3分)	6	

续表

序号	作业项目	考核内容	评分标准	配分	扣分
3	汽车轮胎换位	前期准备	□正确安装车轮挡块(4分) □正确使用扭力扳手预松轮胎螺栓(4分) □正确使用举升机(4分)	12	
		检查轮胎	□正确检查轮胎磨损情况(4分) □正确检查轮胎胎纹深度(4分) □正确检查轮胎胎压(4分)	12	
		轮胎换位安装	□轮胎换位顺序正确(4分) □正确拧紧轮胎螺栓(4分) □拧紧力矩正确(4分)	12	
4	信息录入资料应用资讯检索	能正确使用维修手册查询资料	□查询轮胎螺栓扭矩规格	2	
		能在规定时间内查询所需资料	□能在规定时间内查询所需资料	2	
		能正确记录所需维修信息	□能正确记录所需维修信息	2	
5	工具及设备的使用	岗位所需工具设备的使用能力	□能正确选用维修工具(2分) □能正确使用维修工具拆装(2分) □能正确使用预置式扭力扳手(2分) □能正确使用随车千斤顶(2分) □能正确使用举升机(2分)	10	
合计				100	

【实训报告单】

实训报告单					
科目		班级		学生姓名	
实训项目					
实训任务					
实训器材					
实训内容					
体会或建议					
实训结果	自评＿＿＿＿＿＿＿＿＿　　互评＿＿＿＿＿＿＿＿＿　　师评＿＿＿＿＿＿＿＿＿				

指导教师＿＿＿＿＿＿＿＿＿＿＿＿＿＿＿　　　　　　＿＿＿＿年＿＿月＿＿日

【作业】

一、填空题

1.车辆随车工具中,用于举升汽车的是_____。

2.为了保证安全,换胎时需将轮胎垫于车底,并将轮毂朝_____。

3.放置三角警示牌,普通单向道路警示牌放在车后_____ m,高速公路至少放在车后_____ m 以上。

4.将轮胎螺栓拧紧时需按对角线的顺序分_____拧紧。

5.常用的轮胎换位方式主要有_____和_____,对于子午线轮胎,一般采用_____。

二、选择题

1.下列不属于车辆随车工具的是(　　　)。

    A.千斤顶　　　　　　　　　　　B.举升机

    C.警示标示牌　　　　　　　　　D.跨接线

2.拆卸轮胎时,拧松螺栓应按照(　　　)的顺序。

    A.对角线　　　　B.平行线　　　　C.三角形　　　　D.四边形

3.用(　　　)预松轮胎螺栓。

    A.指针式扭力扳手　　　　　　　B.预置式扭力扳手

    C.棘轮扳手　　　　　　　　　　D.两用扳手

4.车轮爆胎,车辆靠边停车后,应打开(　　　)。

    A.闪光灯　　　　　　　　　　　B.危险警告灯

    C.远光灯　　　　　　　　　　　D.示宽灯

5.下列用来检查轮胎花纹深度的量具是(　　　)。

    A.游标卡尺　　　　　　　　　　B.外径千分尺

    C.胎纹规　　　　　　　　　　　D.塞尺

三、思维拓展

换备胎时有哪些注意事项?